T0107944

QU'EST-CE QUE L'ÉMERGENCE ?

CHEMINS PHILOSOPHIQUES

Collection dirigée par Magali Bessone et Roger Pouivet

Olivier SARTENAER

QU'EST-CE QUE L'ÉMERGENCE ?

PARIS

LIBRAIRIE PHILOSOPHIQUE J. VRIN

6 place de la Sorbonne, V^e

2018

C.L. Morgan, *Emergent Evolution*,
© Londres, Williams & Norgate, 1923

J. S. Mill, « De la composition des causes », *Système de logique. Déductive et inductive. Exposé des principes de la preuve et des méthodes de recherche scientifique*,
© Paris, Librairie philosophique de Ladrange, 1866

© *Librairie Philosophique J. VRIN*, 2018
Imprimé en France
ISSN 1762-7184
ISBN 978-2-7116-2770-7
www.vrin.fr

LE CREDO ÉMERGENTISTE :
« NI DICHOTOMIE MÉTAPHYSIQUE
NI SIMPLE IDENTITÉ »

> Est-il possible que nous puissions éviter les distinctions
> nettes qu'on a pris dans le passé l'habitude d'établir
> entre la nature, la vie et l'esprit, et cependant admettre
> des différences spécifiques dans les limites de quelque
> chose qui aura la nature d'une matrice commune ? [1]

Ces propos du philosophe américain Roy Wood Sellars
capturent sans aucun doute la question essentielle qui
motive pour une large part toute pensée de l'émergence.
L'interrogation pourrait être reformulée en les termes
suivants : est-il possible de développer une philosophie
qui rejette à la fois les dichotomies métaphysiques – les
« distinctions nettes » de Sellars – ainsi que l'identité
pure et simple – l'acceptation par Sellars de « différences
spécifiques » – entre les phénomènes qui revêtent à nos
yeux un intérêt certain, tels les processus physiques,
vitaux ou mentaux ? Les penseurs de l'émergence
d'hier et d'aujourd'hui ont en commun d'affirmer que
l'élaboration d'une telle philosophie est possible et,
même plus, souhaitable.

1. R.W. Sellars, « L'Hypothèse de l'émergence », *Revue de
métaphysique et de morale*, 40, 1933, p. 312.

Depuis l'avènement même du concept d'émergence au tournant du XXᵉ siècle, ceux-ci défendent en effet l'idée selon laquelle les phénomènes dits « émergents » ne sont pas déconnectés des processus sous-jacents dont ils dépendent, pas plus qu'ils ne sont purement identiques ou assimilables à ceux-ci. En d'autres termes, les différents penseurs de l'émergence témoignent d'une volonté constante de synthétiser ou de concilier deux aspirations *a priori* contradictoires. Il s'agit de penser, d'une part, que les émergents, tels la vie ou l'esprit, sont *continus* avec les processus sous-jacents dont ils émergent. En même temps et d'autre part, il s'agit de faire droit à l'idée selon laquelle les émergents sont aussi, dans un certain sens, *discontinus* – on dira également « nouveaux » ou « autonomes » – par rapport à ces processus sous-jacents. Cette ambivalence de l'émergence est implicite à l'étymologie même du terme, du latin *emergere* [sortir de], qui « suggère la discontinuité apparente et la continuité réelle »[1], à la manière de l'iceberg émergeant des eaux.

En défendant l'idée d'une continuité au sein des processus d'émergence, les penseurs de l'émergence se réclament d'emblée *monistes*. Ils adhèrent à l'idée selon laquelle il ne peut exister de fossé ou de fracture ontologique dans la nature, en cohérence avec le vieil adage ayant transité et ayant été interprété diversement par des penseurs comme Aristote, Leibniz, Newton ou Darwin : « *Natura non facit saltum* » [« La nature ne fait pas de saut »]. En défendant également l'existence d'une forme de discontinuité dans les processus

---

1. A. Fagot-Largeault, « L'émergence », dans D. Andler, A. Fagot-Largeault et B. Saint-Sernin (dir.), *Philosophie des sciences* (vol. II, p. 939-1048), Paris, Gallimard, 2002, p. 940.

d'émergence, les partisans de l'émergence sont également *antiréductionnistes*, dans le sens où certains phénomènes naturels tels que, par exemple, les phénomènes vitaux et physiques, ne s'identifient pas simplement les uns aux autres. Les premiers ne peuvent être assimilés ou « réduits » aux seconds. Cette tension constitutive de l'émergence – entre continuité et discontinuité, ou entre monisme et antiréductionnisme – peut être adéquatement capturée par l'entremise de ce que nous pouvons appeler le « credo émergentiste », constituant la marque de fabrique de toute philosophie de l'émergence et capturant l'intuition de Sellars présentée en exergue à cette introduction : « Ni dichotomie métaphysique ni simple identité ».

Depuis l'avènement du concept d'émergence, l'adhésion à ce credo constitue le fondement de toute posture de type émergentiste, l'érigeant par là en philosophie médiatrice entre les deux antithèses classiques que sont le monisme radical de type réductionniste et le dualisme radical de type antiréductionniste. Une telle position intermédiaire se cristallise historiquement dans divers avatars, dont nous pouvons ici nous contenter de mentionner, à titre illustratif, les deux plus évocateurs. D'abord, par l'entremise de l'idée selon laquelle la vie émergerait de la matière, certains penseurs entendent se positionner à mi-chemin entre un certain dualisme qui postule l'existence d'une substance vitale immatérielle comme principe fondateur du vivant, et les positions réductionnistes héritées en droite ligne du concept cartésien d'« animal machine ». Ensuite et similairement, dans le contexte du très disputé « *mind-body problem* », l'idée selon laquelle l'esprit émergerait d'une base corporelle autorise la prise de position intermédiaire entre le dualisme cartésien, fondé sur l'existence d'une *res cogitans* distincte et irréductible à la *res extensa*, et un monisme inspiré de Spinoza et souvent cristallisé aujourd'hui dans divers programmes de recherche en neurophysiologie. Il est tentant de déceler, en filigrane à ces controverses particulières dont les pensées de l'émergence entendent constituer les médiations, une structure sous-jacente récurrente. Entre les partisans d'une première position qui défendent l'idée d'un fossé ontologique entre entités étudiées (comme par exemple entre le vivant et l'inerte ou entre l'esprit et le corps) et leurs opposants qui conçoivent au contraire ces entités comme foncièrement identiques, il apparaît raisonnable de concevoir les philosophies émergentistes comme des alternatives médiatrices à ces oppositions, situées dans un espace ouvert entre fossé ontologique et simple identité, entre refus de la pure assimilation et de la dichotomie – par l'entremise, disait Sellars, de « différences spécifiques dans les limites de quelque chose qui aura la nature d'une matrice commune ».

« Le tout est plus que la somme de ses parties »

De telles ambitions de médiation ou de conciliation se trouvent implicitement inscrites dans ce à quoi nous référerons dans cet ouvrage comme la « maxime classique » de l'émergence, selon laquelle « le tout est plus que la somme de ses parties ». Cet aphorisme, dont l'une des premières versions remonterait à Aristote[1],

---

1. En témoignerait l'affirmation suivante : « [P]our tout ce qui a pluralité de parties, et dont la totalité n'est pas comme une simple juxtaposition, mais dont le tout est autre chose que l'assemblage des parties, il y a une cause d'unité [...] ». Voir Aristote, *Métaphysique*, H, 5, 1045 a 10, trad. J. Tricot, Paris, Vrin, 1991, p. 34.

capture en effet la tension entre idéaux de continuité et de discontinuité sur laquelle se construit toute pensée de l'émergence. D'une part, la maxime classique véhicule l'idée moniste de continuité selon laquelle un tout émergent est constitué de ses parties et, en conséquence, il n'émerge pas de rien ou à partir de rien. Au contraire – et pour employer une terminologie aujourd'hui plus courante et que nous ferons nôtre tout au long de ces pages –, il émerge à partir d'une « base d'émergence ». D'autre part, si un tout émergent est bien constitué de ses parties, il ne s'y identifie pas non plus dans la mesure où, dans un sens que nous aurons à préciser, il est « plus que » ou « davantage que » la simple somme ou juxtaposition de ses parties. En d'autres termes, la maxime classique de l'émergence véhicule également l'idée antiréductionniste de discontinuité selon laquelle un émergent n'est pas assimilable ou identifiable à sa base d'émergence.

En vertu de sa faculté à concilier ainsi monisme et antiréductionnisme, ou pensée de la continuité et de la discontinuité, l'émergence se révèle, comme nous aurons d'ailleurs l'occasion de le montrer avec plus de détails dans cette étude, un outil philosophique particulièrement attractif. À l'aune de certaines déclinaisons de la notion, il s'avère en effet envisageable de promouvoir l'autonomie épistémologique de certains champs de savoir par rapport à un champ privilégié qui serait considéré comme premier ou « fondamental ». À cet égard, l'émergence autorise à penser que nos modalités d'accès à certaines vérités sur le monde naturel sont plurielles et, dans une certaine mesure, indépendantes. Par exemple, loin de l'idée assez courante selon laquelle la physique serait la « reine des sciences », adopter une certaine posture émergentiste peut constituer une stratégie de défense de l'authenticité et de l'irréductible spécificité du travail des scientifiques étudiant des objets complexes, comme les organismes vivants, le système nerveux, les marchés boursiers ou les écosystèmes. Bien plus, au regard de certaines de ses variétés, l'émergentisme peut même constituer une approche philosophique à l'aune de laquelle l'existence de certaines réalités d'ordre supérieur peut être soutenue et légitimée. À l'encontre de l'image d'un réel dont toute la richesse et la diversité ne serait qu'apparente, en cela qu'elle serait par exemple pleinement réductible à des modes plus ou moins compliqués d'interactions entre atomes (au sens étymologique du terme), l'idée selon laquelle certaines réalités émergeraient de ce substrat atomique donne à penser la possibilité qu'existent authentiquement des entités aussi hétéroclites que la vie, la pensée, le libre arbitre ou les valeurs morales.

Cela étant, si la maxime selon laquelle « le tout est plus que la somme de ses parties » permet de délimiter les contours de l'idée d'émergence, il est important de remarquer que la caractérisation du concept qu'elle autorise est éminemment équivoque. Outre les différentes conceptions possibles de ce en quoi consistent les « touts » et leurs « parties » – s'agit-il par exemple d'objets matériels et de leurs composants ou bien de capacités naturelles et des sous-capacités qui les produisent? –, l'équivocité de l'expression « plus que » ouvre en effet à une pluralité de lectures contrastées sur lesquelles nous aurons l'occasion de nous pencher au fil du présent ouvrage. Le concept d'émergence est ainsi avant tout ce que l'on peut nommer – dans une terminologie anglo-saxonne malheureusement difficile à rendre élégamment en Français – un « *term of art* », c'est-à-dire un terme technique susceptible de voir sa signification précise varier au regard des contextes particuliers dans lesquels il est employé ou des intérêts de recherches poursuivis, cela toutefois dans les limites d'un canevas constant que nous nous donnerons bien sûr la tâche d'expliciter dans ces pages.

Vers une analyse philosophique

Invoquer le credo ou la maxime classique de l'émergence permet sans aucun doute de capturer certains aspects essentiels inhérents à la notion, et d'ainsi esquisser les contours d'une réponse à la question « Qu'est-ce que l'émergence ? » Néanmoins, de par leur trop grande généralité et équivocité, ces slogans échouent à constituer une analyse philosophique rigoureuse de l'émergence et de ce que celle-ci recouvre – ou pourrait recouvrir. Se limiter ainsi au message qu'ils transmettent ne peut conduire qu'à obscurcir des débats au sein desquels l'émergence est censée apporter quelque lumière.

C'est ici que se joue l'objectif essentiel du présent ouvrage : au-delà des slogans, proposer une véritable analyse philosophique, accessible mais rigoureuse, de la notion d'émergence. À cette fin, nous ouvrons la discussion par une réflexion théorique et anhistorique sur ce qui constitue l'unité plurielle de l'émergence, c'est-à-dire les différentes déclinaisons possibles du concept autour d'un thème commun et unitaire (chap. I et II). Ensuite, après avoir défini précisément une version dite « standard » de l'émergence (chap. III), nous formulerons des définitions possibles pour les différentes variétés de la notion identifiées dans le chapitre II (chap. IV). Enfin, nous identifierons les problèmes majeurs que celles-ci rencontrent, ainsi que les stratégies que l'on peut envisager

comme palliatifs à ces problèmes. Nous mettrons aussi
en évidence la mesure dans laquelle l'émergence peut
se révéler un outil philosophique intéressant dans divers
contextes (chap. v). Dans la seconde partie de l'étude et
à la lumière de l'analyse conceptuelle menée jusqu'alors,
nous commenterons deux contributions importantes
à l'histoire récente de l'émergence. Nous aurons tout
d'abord l'occasion de nous pencher sur la première
véritable caractérisation historique de l'émergence,
prenant corps dans la philosophie empiriste de John
Stuart Mill. Ensuite, nous aborderons ce qui constitue
l'ouverture même de la principale contribution à
l'émergentisme classique apparu dans les débuts du XXe
siècle, à savoir la philosophie particulière de l'évolution
cosmologique qu'a été celle de Conwy Lloyd Morgan.

L'UNITÉ DE L'ÉMERGENCE

Dans ce premier chapitre, nous nous attachons d'abord à formuler une caractérisation générale et unitaire de l'émergence, avec comme contrainte qu'elle fasse sens au credo et à la maxime classique dont il a été question en introduction. Ensuite, nous particulariserons le champ de notre réflexion à une classe particulière de manières d'interpréter cette caractérisation générale. Dans le prochain chapitre, nous entamerons une analyse du contenu de cette classe de concepts d'émergence.

CARACTÉRISER L'ÉMERGENCE

D'une manière tout à fait générale, on peut caractériser l'émergence comme une relation empirique entre deux *relata*, à savoir un « émergent » E et sa « base d'émergence » B, qui est telle que les deux idées suivantes, dites de « dépendance » et de « nouveauté », sont simultanément rencontrées :

(Dépendance) E est dépendant de – ou déterminé par – B ; et malgré cela,

(Nouveauté) E est nouveau – ou autonome – par rapport à B.

Prenons le temps d'analyser les ingrédients de cette caractérisation générale un à un.

Tout d'abord, l'émergence est une *relation*. Cette relation se noue entre deux *relata* dont la nature peut varier, pour autant qu'elle reste commune. Par exemple, on parle volontiers de l'émergence d'une entité X sur une (classe d') entité(s) $Y_{(i)}$ (comme dans le cas de l'eau qui émerge d'une base constituée de dihydrogène et de dioxygène), de l'émergence d'une propriété P sur une (classe de) propriété(s) $Q_{(i)}$ (comme dans le cas de la transparence de l'eau qui émerge des propriétés sous-jacentes du dihydrogène et du dioxygène) ou encore de l'émergence d'une loi L sur une (classe de) loi(s) $L_{(i)}$ (comme dans le cas d'une loi régissant le comportement de l'eau qui émerge de lois régissant le comportement du dihydrogène et du dioxygène). Dans ce contexte, évoquer par exemple « la transparence de l'eau qui émerge des molécules sous-jacentes » et « l'émergence de la transparence de l'eau » constituent en réalité des abus de langage, dans la mesure où, dans les cas évoqués, les *relata* envisagés sont soit de nature différente – l'un est une propriété, l'autre une classe d'entités –, soit l'un d'eux n'est pas clairement spécifié.

Ensuite, l'émergence est une relation *empirique*. On entend par là qu'il s'agit d'une relation existante dans le monde lui-même, et liant deux entités existantes dans le monde lui-même. Cette contrainte peut être légèrement relaxée afin de pouvoir considérer certaines relations formelles, mais qui ont un contrepoint empirique dans le monde, comme constituant des cas d'émergence[1].

---

1. Un tel cas de figure se présente par exemple dans la théorie (implicite) de l'émergence de George Henri Lewes, qui par ailleurs fut le philosophe qui introduisit le concept d'émergence dans l'arsenal philosophique. *Cf.* G.H. Lewes, *Problems of Life and Mind*, vol. II, Londres, Trübner & co, 1875. Selon le philosophe anglais, l'émergence

Cette caractéristique fait d'emblée ressortir un trait commun aux diverses philosophies de l'émergence, à savoir que celles-ci s'inscrivent généralement dans une tradition *réaliste*, selon laquelle il existe un monde indépendamment des envies ou des attentes des êtres cognitifs – dont les êtres humains – qui entendent le décrire ou le comprendre au travers de constructions formelles. Il est important de noter qu'un tel réalisme ne se limite pas nécessairement au réalisme *scientifique*, selon lequel les éléments du langage scientifique renvoient à des entités à l'existence indépendante. On parlera en effet à loisir de l'émergence de propriétés esthétiques d'une œuvre d'art sur les propriétés de sa base matérielle, ou encore de l'émergence de propriétés normatives sur des propriétés factuelles sous-jacentes.

Ceci étant posé, toute relation empirique entre deux *relata E* et *B* sera un cas d'émergence aussitôt que les thèses de dépendance et de nouveauté telles qu'elles ont été spécifiées plus haut sont simultanément satisfaites. Quelles sont les implications d'une telle caractérisation ?

D'une part, affirmer que les émergents sont systématiquement dépendants de – ou déterminés par – leurs bases constitue une exigence essentiellement *moniste* (ou de continuité). Il s'agit par là en effet de préciser que, lors d'une émergence, aucune discontinuité radicale ou aucun saut ontologique ne se produit, qui ferait de l'émergent une entité foncièrement hétérogène par rapport à sa

se mesure d'abord à l'aune d'un critère formel, la non-mathématisabilité, mais celui-ci ne constitue en réalité que le reflet d'une relation empirique, à savoir la composition (dite « hétéropathique ») des causes. Nous aurons l'occasion de nous pencher sur cette première version de l'émergence lorsque nous commenterons le texte de John Stuart Mill dans la deuxième partie de cet ouvrage.

base. Pour en revenir à notre illustration récurrente, si l'eau émerge d'une base moléculaire, l'eau ne saurait appartenir à un « règne ontologique » autre que celui des molécules constituantes, ou l'eau ne saurait être considérée comme constituée d'autre chose que de molécules. En ce sens, l'« eau est constituée de ses parties » ou, entre l'eau et ses constituants, il n'y a pas de « dichotomie métaphysique ».

D'autre part, affirmer que les émergents témoignent d'une certaine autonomie par rapport à leurs bases, ou qu'ils sont, dans un certain sens, « nouveaux » par rapport à celles-ci, constitue la revendication d'une certaine discontinuité ou d'un certain *antiréductionnisme*. Sur base de ce second ingrédient, il s'agit de considérer que les émergents ne s'identifient tout simplement pas à leurs bases, ou que la réalité de leurs bases n'épuise pas leur réalité. Par exemple, affirmer que l'eau émerge d'une base moléculaire peut être une manière de défendre l'idée selon laquelle certaines propriétés de l'eau – comme le fait qu'elle soit liquide dans des conditions standard de pression et de température – n'existent tout simplement pas au niveau du dihydrogène et du dioxygène isolés – qui se révèlent gazeux dans les mêmes conditions. En ce sens, « l'eau est plus que la somme de ses parties » ou, entre l'eau et ses constituants, il n'y a pas de « simple identité ».

Par la conjonction des thèses de dépendance et de nouveauté, ce sont ainsi les slogans « Ni dichotomie métaphysique ni simple identité » ainsi que « Le tout est plus que la somme de ses parties » qui se retrouvent implicitement mobilisés. Ensemble, ces thèses qui caractérisent l'émergence de manière générale en font une notion qui s'inscrit systématiquement au cœur d'une démarche alliant monisme et antiréductionnisme.

ÉMERGENCES SYNCHRONIQUE ET DIACHRONIQUE

Afin de délimiter un champ d'analyse précis pour la suite de notre réflexion, une première particularisation de la caractérisation générale proposée peut être envisagée. Celle-ci repose sur la possibilité d'entrevoir deux perspectives différentes quant à la manière d'interpréter les thèses de dépendance et de nouveauté en termes temporels.

Tout d'abord, on peut considérer que les *relata* de l'émergence E et B se succèdent temporellement, E étant instancié à un moment ultérieur par rapport à B. Dans ce premier cas de figure, la relation d'émergence entre E et B est *diachronique* – on parlera d'ailleurs dans ce contexte d'« émergence diachronique » –, et s'apparente généralement à une relation de *production* de E par B (sur le modèle, par exemple, de la causalité). Si on souhaite ainsi considérer que le produit du processus de synthèse de dihydrogène et de dioxygène, à savoir de l'eau, émerge diachroniquement de ses réactants, on affirmera ce qui suit : d'une part, le produit de la synthèse (au temps t_2) a été obtenu à partir de, ou causé par, les réactants isolés (au temps t_1), cette première idée n'étant autre que la thèse de dépendance interprétée diachroniquement ; d'autre part, le produit de la synthèse (en t_2) est nouveau par rapport aux réactants isolés (en t_1), cette seconde idée n'étant autre que la thèse de nouveauté, où la nouveauté en jeu est à comprendre dans un sens historique, comme marquant la différence entre un « avant synthèse » et un « après synthèse ».

En contraste avec cette première perspective, on peut plutôt considérer que les *relata* de l'émergence E et B sont simultanés, auquel cas on parlera, assez naturellement, d'« émergence synchronique ». Dans ce second cas de figure, un problème se pose : alors qu'il est aisé d'individuer E et B comme deux entités distinctes dans le cas diachronique – car celles-ci se différencient naturellement en termes d'index temporels –, une telle stratégie n'est plus envisageable ici. Pour palier à cette difficulté, les penseurs de l'émergence posent traditionnellement une hypothèse, par ailleurs souvent tacite, quant à la structure du monde naturel : celui-ci est supposé *hiérarchisé* en une série de strates ou de « niveaux » discrets, au sein desquels chaque entité naturelle trouve une place unique, et peut se décomposer en parties occupant les niveaux inférieurs. Sous cette hypothèse particulière, à laquelle on réfère souvent par l'expression de « modèle stratifié », on considérera par exemple que l'eau occupe un niveau n, alors que ses constituants dihydrogène et dioxygène occupent un niveau $n-1$, et les constituants de ces constituants un niveau $n-2$, *etc.*, cette régression trouvant son terme dans un niveau « zéro » peuplé des entités les plus élémentaires postulées par la physique contemporaine. Dans une telle perspective, l'émergent E pourra toujours être distingué de sa base simultanée B par le fait que le premier appartient à un « niveau supérieur » par rapport à sa base « sous-jacente ». Ceci étant précisé, l'émergence synchronique est avant tout à concevoir comme une relation entre entités situées à des niveaux différents de la hiérarchie naturelle, et elle consiste en conséquence en une variété particulière de relation de *constitution* de E par B (sur le modèle, par exemple, de la composition). Pour employer à nouveau notre illustration récurrente, si on considère que l'eau émerge synchroniquement d'une base sous-jacente et simultanée faite de dihydrogène et de dioxygène, on affirmera ce qui suit : d'une part, l'eau (en *t*) est composée de molécules de dihydrogène et de dioxygène (au même moment *t*), ce qui n'est autre que l'affirmation véhiculée par la thèse de dépendance dans une version synchronique ; d'autre part, l'eau (en *t*) est nouvelle par rapport à sa base sous-jacente de molécules de dihydrogène et de dioxygène (en *t*), cette seconde idée consistant en la thèse de nouveauté, où la nouveauté dont il est question est à concevoir cette fois dans un sens constitutif (et non historique), comme marquant la différence entre un niveau inférieur et un niveau supérieur.

Dans ce qui suit, nous nous pencherons exclusivement sur l'émergence synchronique et laisserons de côté l'émergence diachronique[1]. La principale raison motivant ce choix est que la perspective synchronique et hiérarchisée est largement plus répandue que son contrepoint diachronique qui, sans être moins philosophiquement porteur, est néanmoins restreint à des contextes beaucoup plus limités (comme, essentiellement, la physique des systèmes dynamiques et les sciences computationnelles). En outre, seule l'émergence synchronique cadre avec les idées traditionnellement associées à l'émergence et qui sont véhiculées par le credo et la maxime classique de l'émergence, dont celle contribuant à la constitution d'une posture philosophique conciliatrice entre monisme et antiréductionnisme.

---

1. Il est notable que certaines approches de l'émergence, sur le modèle de celles de Mill et Morgan que nous aurons l'occasion de commenter plus loin, se révèlent « hybrides », dans la mesure où elles témoignent de facettes diachroniques *et* synchroniques.

UN MONISME ANTIRÉDUCTIONNISTE PARTICULIER

Outre la restriction de l'analyse conceptuelle de l'émergence à la perspective synchronique, une seconde particularisation est de mise.

Comme telle, la thèse de dépendance est neutre quant à la nature du règne ontologique auquel sont censées appartenir les bases d'émergence. En l'état, la seule contrainte qu'une telle thèse impose à cet égard est que ce règne ontologique soit unitaire et unifiant, et en ceci réside l'exigence moniste de l'émergence. En conséquence, le monisme dont il est question dans l'émergence peut, en tant que tel, prendre divers visages. Il peut par exemple être *physicaliste*, auquel cas les bases d'émergence auront la particularité d'être ultimement physiques, et les émergents seront, via la clause de dépendance, toujours ancrés dans le monde physique (sans pour autant s'y réduire, en vertu de thèse de nouveauté). Mais il peut aussi être *vitaliste* ou *spiritualiste*, si l'on choisit plutôt de considérer que tout émerge depuis une base essentiellement vivante ou mentale, respectivement, et que, en conséquence, tout émergent est toujours ancré dans le monde vivant ou mental (sans pour autant s'y réduire). Enfin, le monisme de l'émergence peut aussi être un *neutralisme*, si le principe d'unité ontologique impliqué est essentiellement neutre, c'est-à-dire non physique, non vivant et non mental [1].

Dans le présent ouvrage, nous focaliserons notre attention sur les variétés d'émergence qui s'articulent à un monisme de type physicaliste (ou matérialiste), en

---

1. Nous avons évoqué ici les variétés de monisme parmi les plus courantes. Il est évident que d'autres déclinaisons, sans doute plus exotiques, sont envisageables.

vertu duquel tout ce qui existe est ultimement physique (ou matériel), ou possède au moins un certain ancrage dans le monde physique (ou matériel). En conséquence, les émergents potentiels auxquels nous auront à faire dans ces pages auront toujours en commun de posséder, ultimement, une base physique (ou matérielle)[1].

Cette préférence pour les variétés physicalistes d'émergence, qui n'a en fait rien d'original, car elle est embrassée par la quasi intégralité des penseurs de l'émergence, passés comme contemporains, s'avère bien motivée d'un point de vue empirique. D'une part, les théories de l'évolution cosmologique suggèrent que l'existence de la matière a précédé celle de la vie ou de l'esprit, et que ces derniers sont ainsi apparus à partir de la première, et non l'inverse. En outre et corrélativement, cette fois d'un point de vue constitutif, (ce que nous pensons être des instances de) la vie et l'esprit s'accompagnent invariablement d'une base physique sous-jacente, et non

---

1. Même si les termes « matériel » et « physique », de même que « matérialisme » et « physicalisme » peuvent être distingués à certains égards, nous les considérerons dans cette étude comme essentiellement synonymes, par souci de simplicité. Plus précisément, nous considérerons le physicalisme comme une extension historique du matérialisme, ayant été développée après que les sciences physiques aient montré que ce qui semble être les constituants les plus élémentaires de la réalité n'ont en réalité plus rien de « matériel », selon les sens classiques donnés à ce terme (comme ayant une étendue ou étant massif, par exemple). Par ailleurs, il peut être utile de préciser ici le sens donné à l'expression récurrente de « base *ultimement* physique ». Il est clair que, même dans le contexte d'un physicalisme antiréductionniste, on peut considérer l'émergence d'une entité non physique E sur une base (elle aussi) non physique B, pour autant que cette dernière soit, d'une manière ou d'une autre, elle-même dépendante d'une base physique B^*. Que B soit dans ce contexte réductible à, ou au contraire émergent sur, B^* est indifférent. Dans un cas comme dans l'autre, E émerge « ultimement » sur B^*.

l'inverse. En conséquence, développer une philosophie moniste qui se veut généralement ouverte au dialogue avec les sciences s'avère naturellement conduire à conférer une priorité ontologique à la matière plutôt qu'à la vie ou à l'esprit[1].

LA TENSION CONSTITUTIVE DE L'ÉMERGENCE

Avant d'entamer une analyse plus approfondie de l'émergence synchronique en contexte physicaliste dans le prochain chapitre, il peut être bon de se pencher un instant sur une caractéristique de l'émergence qui n'aura sans doute pas échappé au lecteur.

Quelle que soit la manière avec laquelle on tente de formuler l'idée d'émergence, il semblerait que celle-ci capture ce qui apparaît de prime abord comme une contradiction. Les thèses de dépendance et de nouveauté semblent en effet être en tension l'une avec l'autre, dans la mesure où l'on conçoit mal comment une entité E peut *à la fois* dépendre de B et être autonome par rapport à B. Une telle tension se manifeste en réalité de diverses manières. Comment peut-on penser qu'un tout est *en même temps* constitué de ses parties et est « plus que » la somme de ses parties ? Comment est-il possible de refuser à la fois la dichotomie *et* l'identité, ou bien d'adhérer à la continuité *et* la discontinuité, entre les émergents et leurs

1. Pour rester rigoureux, il est important de noter que les arguments empiriques évoqués *motivent* l'adhésion au physicalisme, mais ne l'*impliquent* certainement pas. D'une part, le neutralisme reste une option ouverte. D'autre part, le vitalisme et le spiritualisme peuvent être ré-introduits en conjonction avec les hypothèses hylozoïques et panpsychistes, selon lesquelles, respectivement, une proto-vie ou un proto-esprit existe, en latence, au niveau des entités les plus élémentaires de la physique, et ce depuis les origines de l'univers.

bases ? Ou comment peut-on encore être physicaliste – c'est-à-dire penser que tout est physique ou que tout peut ultimement s'ancrer dans le monde physique – sans penser du même coup que tout est réductible en principe au monde physique ?

En vertu de cette tension inhérente, l'émergence apparaît souvent soit comme un concept énigmatique ou incohérent, soit comme ne pouvant renvoyer, pour être exemplifié dans le monde naturel, qu'à quelque chose de l'ordre du miraculeux (impliquant, par exemple, une création *ex nihilo*). Même s'il est vrai que certains penseurs de l'émergence ont pu sombrer – inconsciemment ou à dessein – dans de tels travers, il s'agira de montrer dans cette étude, et en particulier dans le prochain chapitre, qu'il est tout à fait possible de dissoudre cette tension et, corrélativement, de concevoir l'émergence de manière consistante.

CHAPITRE II

L'UNITÉ PLURIELLE DE L'ÉMERGENCE

Dans le présent chapitre, nous entamons une analyse de l'émergence synchronique prenant corps dans le contexte d'un physicalisme antiréductionniste. En particulier, après un approfondissement concis de l'hypothèse du modèle stratifié, nous montrons qu'il existe différentes stratégies possibles pour concilier les thèses de dépendance et de nouveauté de manière consistante, stratégies qui donnent lieu à des variétés d'émergence distinctes. Définir ces variétés et aborder les enjeux et apories qu'elles soulèvent sera l'objet des prochains chapitres.

À PROPOS DU MODÈLE STRATIFIÉ

En guise de préalable à notre analyse, il est important d'approfondir quelque peu ce qui a été laissé précédemment au niveau de la simple intuition, à savoir la manière – ou plutôt *une* manière – de concevoir précisément l'hypothèse du modèle stratifié. Ce préalable constitue d'ailleurs l'occasion d'introduire et d'élucider certains des nombreux « ismes » associés à toute réflexion sur l'émergence.

À cette fin, partons d'un cas particulier d'entité un peu plus complexe que notre exemple récurrent de l'eau,

à savoir un organisme vivant, et voyons comment peut
être pensée sa décomposition en une hiérarchie d'entités
sous-jacentes. Si l'on en croit les scientifiques se fiant
à leurs observations, on peut considérer l'organisme
comme une entité de niveau 4 qui peut se décomposer
en un amas de cellules diverses entretenant entre elles
des relations plus ou moins complexes. Ces cellules
constitutives de l'organisme, peuplant le niveau 3 du
modèle stratifié, trouvent à leur tour une décomposition
particulière en molécules diversement organisées. Ces
molécules, de niveau 2, sont elles-mêmes composées
d'atomes de niveau 1, eux-mêmes finalement composés
des briques élémentaires de la réalité, quelle que soit
leur nature exacte – ici nous parlerons de « particules
élémentaires » –, peuplant le niveau 0 [1].

En vertu de la position *réaliste* qui fait généralement
office de terrain de dialogue commun entre les penseurs
de l'émergence et leurs opposants, cette décomposition
hiérarchisée de l'organisme en paliers successifs trouve
une certaine correspondance dans la manière dont les
disciplines scientifiques elles-mêmes se retrouvent
agencées. On dira ainsi que la physique est la discipline
qui étudie les premières strates du monde naturel, depuis
les constituants les plus élémentaires de la réalité jusqu'à,
approximativement (et quelque peu arbitrairement), le

1. Il va de soi que la décomposition envisagée ici, ainsi que les
différents labels attribués aux niveaux correspondants, sont partiel-
lement arbitraires. On aurait pu par exemple ajouter d'autres maillons
intermédiaires, comme celui des organes ou des macro-molécules.
Également, tous les systèmes naturels ne possèdent pas la même
décomposition, on ne participent pas dans les mêmes décompositions.
Une étoile, par exemple, peut-être située à un niveau supra-moléculaire
3, sans pour autant qu'il y ait un sens à dire qu'elle se situe au « même
niveau » que les cellules vivantes, ou sans prétendre, bien sûr, qu'elle
puisse avoir une place dans la décomposition d'un organisme.

niveau moléculaire. Ensuite, pour les niveaux supérieurs, c'est à la chimie de prendre le relais jusqu'au niveau cellulaire, où le travail du biologiste s'initie. À partir du niveau organismique et de l'apparition de facultés mentales, c'est à la psychologie de prendre le relais, et ainsi de suite [1]. Dans l'hypothèse du modèle stratifié, à la hiérarchisation des entités naturelles correspond ainsi une hiérarchisation des sciences qui les étudient. On parlera ainsi souvent de la physique comme la science du niveau fondamental, alors que, par exemple, la biologie sera considérée comme une science de niveau supérieur.

À ce stade, il est bon d'introduire – et de proposer une première élucidation de – la manière dont les entités qui n'admettent pas de décomposition (directe) en parties peuvent tout de même être introduites dans le modèle stratifié. C'est ici qu'intervient une autre exigence qui sert de soubassement aux débats relatifs à l'émergence, à savoir l'exigence *naturaliste*. Celle-ci peut être caractérisée en un double mouvement. D'une part, selon le naturalisme, la réalité naturelle épuise le tout de la réalité. Est ainsi par exemple d'emblée exclu du domaine des existants un Dieu qui serait transcendant. La réalité naturelle, à cet égard, est tout ce qu'il y a ; elle épuise la réalité *tout court* [2]. D'autre part, la réalité

---

1. Une telle hiérarchisation des sciences est bien sûr ici volontairement caricaturée pour la simplicité de l'exposé. Rien n'empêche de nombreux recouvrements entre les domaines disciplinaires, dont les frontières sont, par ailleurs, éminemment floues. En outre, les disciplines envisagées rassemblent généralement des sous-disciplines nombreuses et hétéroclites, aux domaines d'application variés.

2. Contrairement à ce que l'on pourrait penser de prime abord, le naturalisme n'est pas nécessairement un empirisme hostile à la métaphysique, en témoigne la recrudescence récente des métaphysiques des sciences ou autres métaphysiques dites « naturalistes ».

naturelle consiste en la réalité postulée – directement ou indirectement – par les sciences naturelles. Si les sciences naturelles parlent directement d'électrons, de gènes, de girafes et de supernovas, ces entités font partie de la nature et, par extension, selon le naturalisme, existent. Elles ont d'ailleurs la particularité de trouver une place univoque au sein du modèle stratifié, et d'être de ce fait ultimement décomposables, après un certain nombre de paliers successifs, en particules élémentaires physiques. En ce qui concerne les entités non directement postulées par les sciences naturelles et qui ne trouvent pas directement de place dans le modèle stratifié – comme par exemple dans le cas de l'esprit, des normes ou des valeurs esthétiques –, celles-ci peuvent être réintroduites dans le domaine de la réalité naturelle, et donc de la réalité *tout court*, par un processus nommé, assez intuitivement, « naturalisation ». Ce processus peut être conçu de diverses manières, mais toutes s'articulent autour de l'idée commune selon laquelle des entités naturalisées possèdent un ancrage dans le monde naturel, à l'aune duquel ces entités pourront être considérées comme réelles et, par ailleurs, faire l'objet d'investigations scientifiques. Dans cette perspective, une entité comme l'esprit peut trouver une place univoque dans le modèle stratifié lorsque l'on considère que l'esprit possède une base d'implémentation, ou un « ancrage », dans un système naturel (probablement le système nerveux central de certains organismes). À cet égard, on dira parfois que l'esprit occupe un « ordre supérieur » par rapport à l'« ordre zéro » qu'est l'ordre naturel. En ce sens, on pourra même parler d'émergence de l'esprit sur une base organismique. Mais on pourra aussi parler, par extension, du fait que l'esprit occupe un niveau supérieur par rapport, par exemple, au niveau sous-jacent des neurones et, en ce sens, on pourra aussi parler de l'émergence de l'esprit sur une base neuronale[1].

Ces précisions étant posées, nous sommes maintenant armés pour reprendre le cours de notre analyse conceptuelle de l'émergence.

VARIÉTÉS DE PHYSICALISME ET D'ANTIRÉDUCTIONNISME

Nous l'avons vu, la caractérisation générale proposée dans le chapitre précédent, et adjointe aux deux particularisations évoquées, fait d'emblée de l'émergence une notion qui allie physicalisme – via la thèse de dépendance selon laquelle les émergents sont toujours déterminés constitutivement par une base physique – et antiréductionnisme – en vertu de la thèse de nouveauté selon laquelle les émergents sont aussi autonomes par rapport à cette base. Identifier les diverses manières possibles de concevoir l'émergence dans ce contexte en passe par l'identification préalable des diverses manières de penser le physicalisme et l'antiréductionnisme.

À cette fin, nous mobilisons une distinction qui a été proposée par ailleurs[2] entre trois variétés de monisme, à

---

1. Les deux cas d'émergence évoqués ici, l'un « horizontal » ou « intra-niveau », l'autre « vertical » ou « interniveaux », sont en réalité assez différents. Le premier, à l'inverse du second, n'implique par exemple pas de relation de composition (mais plutôt une relation de fonctionnalisation ou de réalisation). Cette différence et ses conséquences ne seront pas davantage approfondies dans ces pages, dans le sens où une analyse portant sur l'un de ces types d'émergence peut aisément être transposée à l'autre.

2. *Cf.* H. Robinson, « Dualism », *in* S.P. Stich et T.A. Warfield (dir.), *The Blackwell Guide to Philosophy of Mind* (p. 85-101), Oxford, Blackwell Publishing, 2003.

savoir les monismes des substances, des propriétés et des prédicats, distinction que nous déclinons ici en termes de variétés de physicalisme, c'est-à-dire, en termes de différentes manières d'attribuer une certaine primauté au monde physique. Nous posons donc les thèses suivantes :

Physicalisme des substances : toutes les entités naturelles (ou possédant au moins un ancrage naturel) sont exclusivement et ultimement composées de particules élémentaires physiques.

Physicalisme des propriétés : toutes les propriétés naturelles, c'est-à-dire les propriétés possédées par des entités naturelles (ou possédant au moins un ancrage naturel), sont exclusivement et ultimement le résultat de combinaisons des propriétés élémentaires physiques, c'est-à-dire des propriétés des particules élémentaires physiques.

Physicalisme des prédicats : tous les prédicats des sciences naturelles, c'est-à-dire tous les concepts employés dans les sciences pour référer aux entités et aux propriétés naturelles, sont exclusivement et ultimement définissables en termes de combinaisons des prédicats élémentaires des sciences physiques.

D'emblée, deux remarques relatives à cette taxonomie du physicalisme méritent d'être soulevées. Premièrement, dans la perspective réaliste, il est évident que les physicalismes des substances et des propriétés constituent des affirmations métaphysiques, c'est-à-dire qu'elles ont trait à la structure même du monde naturel, indépendamment de notre manière de nous y rapporter en tant que sujets connaissants. À l'inverse, le physicalisme des prédicats est une thèse épistémologique, dans le sens où elle se rapporte à la structure de nos représentations du monde naturel, et non au monde naturel lui-même. Ensuite, les trois variétés de physicalisme envisagées ici sont orthogonales à la thèse du naturalisme dont il a été question dans la section précédente. Même si les penseurs de l'émergence ont généralement en commun de souscrire au naturalisme *et* au physicalisme, il demeure tout à fait cohérent d'adopter une position de type naturaliste anti-physicaliste, anti-naturaliste physicaliste ou encore anti-naturaliste anti-physicaliste. Nous laissons le soin au lecteur d'imaginer les images contrastées du monde auxquelles renvoient ces diverses positions.

De manière symétrique à l'analyse du physicalisme qui a été proposée ci-dessus, on peut décliner l'antiréductionnisme selon les trois axes suivants, qui ont en commun de capturer l'idée d'une relative indépendance par rapport au monde physique :

Antiréductionnisme des substances : il existe des entités naturelles (ou possédant au moins un ancrage naturel) qui ne sont pas exclusivement et ultimement composées de particules élémentaires physiques.

Antiréductionnisme des propriétés : il existe des propriétés naturelles qui ne sont pas exclusivement et ultimement le résultat de combinaisons de propriétés élémentaires physiques.

Antiréductionnisme des prédicats : il existe des prédicats des sciences naturelles qui ne sont pas exclusivement et ultimement définissables en termes de combinaisons de prédicats élémentaires des sciences physiques.

Formulées de la sorte, ces différentes variétés d'antiréductionnisme ne sont jamais que les négations des thèses physicalistes explicitées plus haut.

Concilier physicalisme et antiréductionnisme

Identifier diverses variétés d'émergence revient maintenant à identifier les façons possibles de concilier de manière non contradictoire les différentes versions de physicalisme et d'antiréductionnisme explicitées dans la section précédente. À cette fin, il est au préalable nécessaire d'être au clair sur les rapports de compatibilité entre ces diverses thèses.

Tout d'abord, et de manière évidente, il est contradictoire de vouloir soutenir en même temps une des formes de physicalisme présentées plus haut avec sa forme correspondante d'antiréductionnisme. En effet, ces thèses soutiennent explicitement une chose et son contraire. Par exemple, dans le cas des substances, le physicalisme prétend que toute entité naturelle est exclusivement constituée de particules élémentaires physiques, alors que son contrepoint antiréductionniste prétend qu'il existe au moins une entité naturelle qui ne possède pas de telle décomposition. Sans surprise, penser l'émergence requiert donc de concilier une variété de physicalisme avec une variété *différente* d'antiréductionnisme.

Cette contrainte sur les possibilités de conciliation entre physicalisme et antiréductionnisme n'est cependant pas la seule. Une seconde contrainte émane du fait que les variétés de physicalisme et d'antiréductionnisme présentées plus haut ne sont pas indépendantes entre elles. Au contraire, elles entretiennent certains rapports d'implication. En particulier, on notera que le physicalisme des prédicats implique le physicalisme des propriétés, qui implique à son tour le physicalisme des substances. Symétriquement ou par contraposition, l'antiréductionnisme des sub-stances implique l'antiréductionnisme des propriétés, qui implique l'antiréductionnisme des prédicats. Justifier de tels rapports d'implication peut s'effectuer intuitivement. D'une part, on ne saurait concevoir deux substances irréductibles, sur le modèle, par exemple, de la *res cogitans* et de la *res extensa* cartésiennes, qui sont telles que toutes les propriétés de l'une sont réductibles aux propriétés de l'autre. Dans tous les cas, l'une de ces deux substances irréductibles doit au moins posséder une propriété irréductible aux propriétés de la seconde de ces substances[1]. L'antiréductionnisme des substances s'accompagne donc bien invariablement de l'antiréductionnisme des propriétés ou, par contraposition, le physicalisme des propriétés implique le physicalisme des substances. D'autre part, en vertu de l'exigence réaliste chère aux penseurs de l'émergence, selon laquelle il existe une correspondance entre la manière dont se coordonnent les propriétés naturelles et la manière dont se coordonnent les prédicats des sciences naturelles qui y réfèrent, on ne saurait imaginer deux prédicats interdéfinissables qui pourtant renvoient à des propriétés irréductibles entre elles. En conséquence, le physicalisme des prédicats implique celui des propriétés ou, à nouveau par contraposition, l'antiréductionnisme des propriétés implique celui des prédicats.

Étant donné de tels rapports d'implication entre les variétés de physicalisme et d'antiréductionnisme identifiées ici, il n'existe que quatre manières non contradictoires d'opter pour un certain degré de physicalisme et d'antiréductionnisme (au lieu de huit,

---

1. Une telle idée capture le « principe de dissimilarité des divers », qui n'est autre que la contraposée du principe d'identité des indiscernables.

si les différentes déclinaisons de ces thèses s'étaient révélées indépendantes entre elles). Tout d'abord, une première option possible consiste naturellement en la conjonction des trois variétés de physicalisme, ce à quoi nous référerons dorénavant par « physicalisme réductionniste ». Ensuite et de manière symétrique, il est aussi cohérent de souscrire simultanément aux trois variétés d'antiréductionnisme, une position que nous appellerons « dualisme des substances ». Entre ces deux premières approches extrêmes, il existe encore deux manières non contradictoires de concilier physicalisme et antiréductionnisme, qui respectent les rapport d'implication identifiés plus haut. D'une part, on peut soutenir un physicalisme des propriétés (et donc aussi des substances) avec un antiréductionnisme des prédicats. D'autre part, on peut défendre un physicalisme des substances avec un antiréductionnisme des propriétés (et donc aussi des prédicats). Ces deux positions inter-médiaires constituent des cadres philosophiques adéquats pour penser l'émergence.

Variétés d'émergence

L'analyse que nous venons de mener nous a indiqué qu'au moins deux cadres philosophiques conciliant de manière non contradictoire physicalisme et antiréduction-nisme sont envisageables. Dans la mesure où chacune de ces deux conciliations fait droit, dans un sens parti-culier, aux thèses de dépendance et de nouveauté, elles s'associent à deux variétés d'émergence distinctes.

Premièrement, le physicalisme des propriétés (et donc aussi des substances) conjoint à l'antiréductionnisme des prédicats constitue un cadre adéquat pour penser la synthèse entre une idée de *continuité ontologique* et une idée de *discontinuité épistémologique*. En effet, selon cette position, le monde naturel est physique de part en part, dans le sens où toute entité et toute propriété naturelle est ultimement physique. Par contre, les sciences naturelles ne sont pas nécessairement réductibles aux sciences physiques, dans la mesure où les concepts qu'elles mobilisent ne peuvent être définis en termes des concepts de la physique[1]. En ce sens, cette première position permet de penser une certaine désunité des sciences naturelles malgré une unité ontologique du monde naturel.

Cette première position constitue le cadre adéquat pour une variété d'émergence appelée « émergence épistémologique » (ou parfois « émergence faible »). Une telle notion constitue une première interprétation possible de la caractérisation générale de l'émergence proposée dans le premier chapitre. En particulier, on dira d'une propriété E qu'elle est épistémologiquement émergente d'une classe de propriétés physiques B_i lorsque les deux thèses suivantes sont simultanément rencontrées :

(Dépendance) E est une combinaison des B_i (physicalisme des propriétés) ; E est la propriété d'une entité composée des entités dont les B_i sont les propriétés (physicalisme des substances) ; et malgré cela,

(Nouveauté)   Le prédicat scientifique capturant E ne peut être défini comme une combinaison des prédicats physiques capturant les B_i

---

1. Corrélativement, les lois des sciences naturelles ne peuvent généralement pas être déduites des lois physiques. En conséquence, le modèle classique de réduction inter-théorique proposé par Ernst Nagel échoue à s'appliquer. *Cf.* E. Nagel, *The Structure of Science. Problems in the Logic of Scientific Explanation*, New York, Harcourt, 1961.

(antiréductionnisme des prédicats). En conséquence, E ne peut pas être représentée, décrite ou expliquée à partir d'une connaissance, même complète, des théories physiques portant sur les B_i.

Afin de donner un peu de concrétude à ces considérations assez abstraites, revenons-en à notre illustration récurrente de l'eau. Si l'on souhaite défendre l'idée selon laquelle la nature liquide de l'eau manifestée dans certaines circonstances est une propriété épistémologiquement émergente d'une base de propriétés attribuées au dihydrogène et au dioxygène sous-jacents, on entendra prétendre que, d'une part, la liquidité de l'eau est bien une combinaison des propriétés sous-jacentes du dihydrogène et du dioxygène et que, en ce sens, elle est déterminée constitutivement par elles. En outre, l'eau est uniquement constituée de dihydrogène et de dioxygène. Ensemble, ces deux premières idées marquent le refus de considérer l'eau et ses propriétés comme appartenant à un règne ontologique en rupture avec le monde physique sous-jacent. D'autre part, on prétendra aussi qu'il n'est pas possible de traduire le concept de « liquidité » en les termes de prédicats renvoyant à des propriétés du dioxygène et du dihydrogène et que, en conséquence, on ne peut par exemple pas expliquer pourquoi l'eau est liquide en se basant uniquement sur des considérations ressortissant à la chimie du dihydrogène et du dioxygène. Dans un certain sens, l'eau est « épistémologiquement nouvelle » par rapport à ses constituants [1].

---

1. En ceci réside en réalité la limite de cette illustration simpliste. S'il a été défendu à une époque que l'eau était en effet une entité émergente en ce sens, les choses ont changé depuis, dans la mesure où, aujourd'hui, il existe une explication atomique parfaitement légitime

La deuxième position conciliatrice que nous avons identifiée dans la section précédente consiste en un physicalisme des substances conjoint à un antiréductionnisme des propriétés (et donc aussi des prédicats). Une telle position autorise la conciliation, au niveau de l'ontologie du monde naturel, entre une *continuité substantielle* et une *discontinuité de propriétés*. Exprimé autrement, sous cette perspective, le monde naturel n'est peuplé que d'entités exclusivement constituées – directement ou indirectement – de particules physiques, mais il est envisageable que certaines de ces entités manifestent des propriétés qui ne consistent pas, ultimement, en des combinaisons de propriétés physiques sous-jacentes (et corrélativement, les prédicats employés pour référer aux premières ne sont pas définissable en termes de combinaisons de prédicats employés pour référer aux secondes).

Cette seconde conciliation possible entre physicalisme et antiréductionnisme constitue le cadre propice à la conceptualisation d'une variété d'émergence généralement appelée « émergence ontologique » (ou encore « émergence forte »). Une manière de caractériser cette déclinaison de l'émergence consiste à dire qu'une propriété E est ontologiquement émergente sur une classe de propriétés physiques B_i aussitôt que les deux idées suivantes sont satisfaites :

---

des propriétés de l'eau comme la liquidité. À cet égard, la liquidité n'est pas une propriété émergente au sens épistémologique. Il est à noter que la notion d'explication dont il est question ici est à concevoir à l'aune du modèle dit « déductivo-nomologique », selon lequel, en substance, expliquer revient à déduire à partir de lois. *Cf.* à ce sujet C.G. Hempel, *Aspects of Scientific Explanation, and other Essays in the Philosophy of Science*, New York, Free Press, 1965. Nous reviendrons sur ce point dans le chapitre v.

(Dépendance) E est une propriété d'une entité composée des entités dont les B_i sont les propriétés (physicalisme des substances) ; et malgré cela,

(Nouveauté) E n'est pas une combinaison des B_i (antiréductionnisme des propriétés). En conséquence, le prédicat scientifique capturant E ne peut être défini comme une combinaison des prédicats physiques capturant les B_i (antiréductionnisme des prédicats), et E ne peut pas être représentée, décrite ou expliquée à partir d'une connaissance, même complète, des théories physiques portant sur les B_i.

Comparativement à l'émergence épistémologique, l'émergence ontologique est plus « forte » dans le sens où l'irréductibilité des propriétés qu'elle implique s'accompagne de l'irréductibilité correspondante des prédicats qui réfèrent à ces propriétés, mais non l'inverse. En outre, alors que la première ne postule qu'une discontinuité épistémologique, c'est-à-dire située au sein de nos représentations du monde naturel, la seconde pose l'existence d'une certaine discontinuité ontologique entre niveaux de propriétés dans le monde naturel lui-même, même si ces niveaux de propriétés irréductibles sont attachés à une unique substance, à savoir la matière.

En guise d'illustration, si l'on devait souscrire à l'idée selon laquelle la liquidité de l'eau est une propriété ontologiquement émergente d'une base constituée des propriétés du dihydrogène et du dioxygène, cela reviendrait à reconnaître que l'eau est uniquement constituée de dihydrogène et de dioxygène mais que, malgré cela, la liquidité de l'eau n'est en aucun cas une combinaison des propriétés du dihydrogène et du dioxygène. La liquidité de l'eau constitue ainsi une « nouveauté ontologique » par rapport aux propriétés du dihydrogène et du dioxygène, en vertu de laquelle, secondairement, elle sera aussi « épistémologiquement nouvelle » par rapport à celles-ci.

On le voit donc, entre les deux positions extrêmes que constituent le physicalisme réductionniste, pensée de la pure identité et adossée à un physicalisme des substances, des propriétés et des prédicats, et le dualisme des substances, pensée de la dichotomie qui s'articule autour de l'antiréductionnisme des substances, des propriétés et des prédicats, la médiation émergentiste peut prendre deux visages bien différents, sous la forme de modalités de conciliation contrastées entre physicalisme et antiréductionnisme, dans l'esprit du credo : « Ni dichotomie métaphysique ni simple identité ». D'une part, l'émergentisme épistémologique postule l'existence de propriétés qui, bien que purement physiques d'un point de vue ontologique, entraînent une certaine rupture épistémologique dans la mesure où elles ne peuvent être approchées adéquatement au travers du prisme exclusif des sciences physiques. D'autre part, l'émergentisme ontologique souscrit à un antiréductionnisme plus fort, dans la mesure où les phénomènes putativement émergents au sens ontologique témoignent aussi d'une certaine déconnexion ontologique par rapport à leurs bases.

CHAPITRE III

UN CONCEPT STANDARD D'ÉMERGENCE

Dans le chapitre précédent, nous avons développé une analyse au terme de laquelle il a été possible d'identifier deux cadres philosophiques propices pour penser l'émergence. Ce faisant, nous avons esquissé les contours de deux variétés distinctes de la notion, à savoir l'émergence épistémologique et l'émergence ontologique. Dans le présent chapitre, nous empruntons une voie différente qui consiste à trouver dans le bestiaire des relations métaphysiques actuellement disponibles sur le marché philosophique les relations qui conviendraient pour capturer adéquatement les thèses de dépendance et de nouveauté. Au terme de cette réflexion, nous serons à même de formuler une définition d'une conception standard de l'émergence. Dans le prochain chapitre, celle-ci nous servira de tremplin vers une définition précise des variétés d'émergence épistémologique et ontologique.

UN CONCEPT D'ÉMERGENCE DE RÉFÉRENCE

Si l'on parcourt la littérature contemporaine, la manière la plus « standard » de définir l'émergence invoque généralement deux ingrédients, déclinés diversement selon les cas mais constituant systématiquement des interprétations particulières des thèses de dépendance et de nouveauté, à savoir la survenance et la causalité descendante[1]. Entamons donc notre réflexion par une élucidation de ces deux notions.

La survenance

Dans son sens technique et non vernaculaire, la survenance réfère à une relation de dépendance entre deux (classes d') entités – respectivement une (classe) survenante S et sa base de survenance B – qui capture l'idée véhiculée par la maxime : « Il ne peut y avoir de différence eu égard à S sans différence eu égard à B ».

Deux lectures équivalentes d'une telle maxime sont généralement proposées. L'une, soulignant l'idée d'une *covariation* entre S et B, consiste à considérer que, lorsque S survient sur B, toute variation de S implique nécessairement une variation de B ou, par contraposition, l'absence de variation de B s'accompagne nécessairement de l'absence de variation de S. L'autre, plutôt formulée en termes d'une *dépendance* asymétrique de S sur B, précise que, lorsque B est fixé, S l'est aussi nécessairement, mais pas l'inverse, dans le sens où S peut être fixé sans que B ne le soit.

Un premier exemple peut être proposé afin d'illustrer cette caractérisation générale et quelque peu abstraite de la relation de survenance. En particulier, pensons à l'idée défendue par Davidson selon laquelle l'esprit (ou plus généralement les propriétés mentales) survien(nen)t sur le corps (ou plus généralement les propriétés biologiques

---

1. *Cf.* par exemple T. O'Connor, « Emergent Properties », *American Philosophical Quarterly*, 31, 1995, p. 91-104 ; ou J. Kim, « Making Sense of Emergence », *Philosophical Studies*, 95, 1999, p. 3-36.

sous-jacentes et, par extension, les propriétés physiques sous-jacentes)[1]. En vertu d'une telle survenance, on dira, d'abord en termes covariationnels, qu'il est nécessaire qu'un être doté d'esprit diffère physiquement d'un être qui en est dénué, ou que, de deux êtres physiquement identiques, il est impossible que l'un soit doté d'un esprit et l'autre en soit dénué. Similairement, cette fois dans l'optique d'une dépendance de l'esprit sur le corps (ou d'une détermination de l'esprit par le corps), on dira aussi que, lorsque l'on fixe les propriétés physiques d'un organisme, on en fixe irrémédiablement les propriétés mentales. L'inverse n'est par contre pas vrai. Les propriétés mentales d'un organisme peuvent être maintenues constantes sans que, pour autant, leur base physique le soit également, ce qui revient en fait à affirmer que de mêmes propriétés mentales peuvent correspondre à des bases physiques différentes.

Comme telle, la survenance est une relation très séduisante pour définir l'émergence, dans la mesure où elle capture à la fois l'idée d'une dépendance de l'entité survenante sur sa base – lorsque l'on fixe B, on fixe irrémédiablement S – et d'une relative autonomie de celle-là par rapport à celle-ci – lorsque l'on fixe S, on ne fixe pas nécessairement B. À cet égard, certains auteurs ont affirmé que la survenance constitue une condition

---

1. *Cf.* D. Davidson, « Mental Events », *in* L. Foster et J.W. Swanson (dir.), *Experience and Theory* (p. 79-101), Amherst, University of Massachusetts Press, 1970. On doit à Davidson l'introduction du concept de survenance – sous l'appellation anglaise de « *supervenience* » – dans le contexte de la philosophie de l'esprit, après que l'idée et le terme aient été proposés en philosophie morale par Moore et Haré, et ce afin de saisir le rapport entre propriétés normatives et naturelles.

nécessaire et suffisante pour l'émergence, auquel cas, lorsque S survient sur B, S émerge de B[1].

Aujourd'hui, il est généralement admis que, malgré sa proximité, la survenance *seule* ne peut suffire à capturer l'émergence. Parmi les diverses raisons invoquées à cet égard, la plus convaincante est sans doute que la survenance, en tant que telle, est compatible avec une large gamme de positions philosophiques, dont certaines s'avèrent opposées à l'émergentisme dans toutes ses variétés. En particulier, au regard de la taxonomie que nous avons établie dans le chapitre précédent, on constatera que la survenance est compatible, certes avec les émergentismes épistémologique et ontologique, mais aussi avec le physicalisme réductionniste. La seule position avec laquelle la survenance n'est en réalité pas compatible est le dualisme des substances, en vertu duquel on peut envisager deux corps physiques identiques dont l'un serait, par exemple, conscient ou vivant, et l'autre non.

En réalité, ce que la survenance garantit, c'est une forme de monisme minimal qui fait sens à l'idée véhiculée par la thèse de dépendance. Par contre, la survenance s'avère neutre quant à l'autonomie des entités survenantes – bien plus, elle tolère même que ces dernières s'identifient purement et simplement à leurs bases de survenance –, et échoue ainsi à capturer adéquatement la thèse de nouveauté. En conséquence, la survenance constitue une condition nécessaire mais non suffisante pour l'émergence. À ce titre, la survenance

---

1. Plus rigoureusement, certains auteurs ont considéré que l'émergence est une *variété particulière* de survenance, en l'occurrence une survenance nomologique sans survenance logique. *Cf.* J. van Cleve, « Mind–Dust or Magic ? Panpsychism versus Emergence », *Philosophical Perspectives*, 4, 1990, p. 215-226.

participe, mais ne suffit pas, à définir l'émergence [1].

Ceci à l'esprit, établir une définition de l'émergence requiert d'adjoindre à la survenance une autre relation satisfaisant deux contraintes minimales. D'une part, la relation recherchée doit faire sens à la thèse de nouveauté. D'autre part, elle doit exclure le physicalisme réductionniste. Un candidat est généralement proposé qui est censé remplir ces deux conditions : la causalité descendante. Penchons-nous à présent sur son élucidation.

La causalité descendante

Élucider la causalité descendante requiert d'analyser ses deux facettes successivement, à savoir, d'une part, ce que l'on entend par « causalité » et, d'autre part, ce à quoi renvoie l'idée selon laquelle cette causalité peut être qualifiée de « descendante ».

Il est évident que nous ne pouvons prétendre fournir ici une analyse philosophique profonde de la notion de causalité, tant les débats qui la concernent sont nombreux et multiformes. Nous nous contentons donc plutôt de préciser un sens assez standard que peut revêtir la notion, et qui est souvent invoqué – explicitement comme implicitement – dans les discussions relatives à l'émergence. En l'occurrence, nous considérons la causalité comme une relation empirique se nouant entre deux événements – une cause c et un effet e –, telle

---

1. Pour rappel, ces considérations sont relatives à la vision standard telle qu'on la retrouve de manière dominante dans la littérature. Bien entendu, certains penseurs considèrent, nous l'avons vu, que la survenance suffit pour l'émergence. Il en est également d'autres qui pensent plutôt que la survenance n'est même pas nécessaire pour l'émergence. *Cf.* par exemple T. O'Connor, « Causality, Mind, and Free Will », *Noûs*, 34, 2000, p. 105-117.

que *c* peut être dite *produire*, *générer* ou *provoquer* *e*[1]. Une manière particulière de capturer précisément cette idée, et que le lecteur peut garder à l'esprit dans ce qui suit pour plus de concrétude, est de considérer que, à l'occasion de *c* causant *e*, *c* transmet à *e* une quantité physique conservée, comme par exemple de la quantité de mouvement ou de l'énergie[2]. Sur base d'une telle conception, on dira par exemple qu'une source de chaleur cause l'ébullition d'eau, dans la mesure où elle la provoque via un transfert physique d'énergie calorifique. Au passage, on peut profiter de cet exemple pour souligner une caractéristique notable de la causalité ainsi conçue, à savoir que celle-ci est diachronique, un délai temporel existant toujours nécessairement entre la cause, antérieure, et l'effet, postérieur, et lors duquel la quantité conservée en question se transmet.

Maintenant, si l'on considère la causalité ainsi comprise dans le contexte d'un monde naturel saisi au travers de l'hypothèse du modèle stratifié, c'est-à-dire intrinsèquement hiérarchisé en niveaux discrets de composition successifs, on peut concevoir la causalité descendante comme une relation de production entre une cause située à un niveau supérieur par rapport à son effet correspondant. Par exemple, dans l'éventualité où le lecteur viendrait à déchirer cette page, on pourrait affirmer que la cause – ici le lecteur – est située à un niveau supérieur – le niveau organismique – par rapport

---

1. Nous envisageons donc ici une conception de la causalité comme « production », qui contraste avec sa principale rivale, l'approche par « dépendance », souvent associée à la notion de contrefactuelle.

2. Cette idée est à la base de la théorie particulière dite « du transfert » développée par Dowe dans le sillage de Wesley Salmon. *Cf.* P. Dowe, *Physical Causation*, Cambridge, Cambridge University Press, 2000.

à l'effet – la déchirure – qui se situe au niveau inférieur atomique. Dans ce contexte, on pourrait parler du lecteur causant de manière « descendante », au sein de la hiérarchie naturelle, la déchirure du papier.

Il se fait que l'exemple évoqué ici est relativement mondain, dans la mesure où il est monnaie courante qu'interagissent causalement des entités situées à des niveaux différents du modèle stratifié. Pour constituer une relation vraiment intéressante pour l'émergence, la causalité descendante telle que nous l'avons décrite doit encore se particulariser. Il est en réalité nécessaire de la circonscrire à des cas dits « réflexifs », c'est-à-dire des cas où la cause est un tout dont les parties (à un temps ultérieur) sont l'effet. Exprimé au travers du prisme de la relation de survenance que nous avons élucidée précédemment, on dira qu'il y a causalité descendante (réflexive) quand une cause provoque un effet qui est (ou fait partie de) sa propre base de survenance (à un temps ultérieur)[1]. En guise d'exemples (non nécessairement réalistes ou plausibles), on peut évoquer l'organisme agissant causalement sur ses propres organes, l'eau agissant causalement sur ses propres molécules ou encore – et en ceci réside sans doute le cas le plus important aux yeux de nombreux émergentistes – l'esprit influençant causalement le corps au sein duquel il s'incarne[2].

---

1. L'expression reprise ici entre parenthèses se révèle nécessaire dans la mesure où la survenance envisagée est, à l'inverse de la causalité, une relation synchronique.

2. Ce dernier cas de figure a été largement défendu par le neurophysiologiste nobélisé Roger Sperry, et constitue la base d'une très abondante littérature, souvent critique. On notera par ailleurs que l'on parle de causalité descendante entre l'esprit et le corps, même si ceux-ci n'entretiennent pas de rapport parties-tout ou n'appartiennent pas, à proprement parler, à des niveaux différents du modèle stratifié.

À première vue, la causalité descendante réflexive ainsi conçue convient à titre de condition nécessaire et, avec la survenance, de condition conjointement suffisante pour l'émergence. En effet, les deux contraintes évoquées plus haut semblent être satisfaites. Premièrement, la causalité descendante réflexive capture la thèse de nouveauté caractéristique de l'émergence, et ce d'une manière non triviale. La causalité n'étant généralement pas « auto-réflexive », c'est-à-dire qu'un événement ne peut généralement pas être sa propre cause, les pouvoirs causaux descendant d'un niveau supérieur putativement émergent ne s'identifient pas aux pouvoirs causaux du niveau inférieur où se situe la base d'émergence (autrement celle-ci pourrait se « causer elle-même »). La causalité descendante permet donc de faire sens à l'idée selon laquelle les émergents possèdent des pouvoirs causaux *en sus de* leurs parties, ou non déjà contenus dans leurs parties. En ce sens, comprendre l'émergence à l'aune de la causalité descendante autorise à considérer que l'advenue au monde d'émergents « fait une réelle différence » dans le cours des événements mondains. Une telle idée s'avère en réalité importante pour l'émergentisme depuis les origines du mouvement, dans la mesure où cette doctrine n'a eu de cesse de se poser comme contradicteur de l'épiphénoménisme [1].

Comme nous le disions précédemment, les considérations évoquées ici peuvent être aisément transposées au cas de l'esprit, dans la mesure où on peut aussi penser un rapport hiérarchique entre le corps (d'ordre zéro) et l'esprit (d'ordre un). Ce qui compte en réalité est que l'on puisse penser que, entre corps et esprit, un rapport de survenance se noue, ce qui est généralement défendu.

1. Dans le contexte au sein duquel cette dernière position est la plus souvent défendue, à savoir celui des relations corps-esprit, l'épiphénoménisme précise que l'esprit n'est qu'un épiphénomène

Deuxièmement et corrélativement, l'existence de relations causales descendantes réflexives au sens précisé plus haut conduit au rejet du physicalisme réductionniste. La justification de cet état de fait est que la causalité descendante entre un émergent et sa base ne peut tolérer d'identité entre l'émergent et sa base, ce que le physicalisme réductionniste requiert.

Vers un concept standard d'émergence

Il ressort des deux sections précédentes que les positions extrêmes que nous avons identifiées dans le chapitre II, à savoir le physicalisme réductionniste et le dualisme des substances, échouent à faire simultanément droit aux idées de survenance et de causalité descendante. En l'occurrence, alors que la première d'entre elles, le physicalisme réductionniste, s'accommode bien de la survenance, elle se révèle à l'analyse incompatible avec la causalité descendante. Symétriquement, le dualisme des substances s'avère quant à lui compatible avec la causalité descendante – en témoigne par exemple le dualisme cartésien généralement qualifié d'« interactionniste », dans la mesure où il s'accompagne d'une interaction causale descendante de la *res cogitans* vers la *res extensa* –, mais échoue à faire adéquatement droit à l'idée de survenance. Entre ces deux postures extrêmes, l'analyse menée jusqu'ici nous apprend que les émergentismes épistémologique et ontologique correspondent à des modalités interprétatives différentes d'une conception standard de l'émergence, articulée

---

du corps, c'est-à-dire un phénomène (peut-être) corrélé au corps mais qui n'a aucun pouvoir sur lui (et qui, plus généralement, n'est doté d'aucune efficacité causale).

autour d'une conciliation possible entre les thèses de
dépendance et de nouveauté construites en termes de
survenance et de causalité descendante, respectivement.

Selon cette conception standard, et en se focalisant
ici sur la notion d'émergence de propriétés, on dira donc
qu'une propriété E émerge sur une classe de propriétés
(ultimement) physiques B_i aussitôt que les deux idées
suivantes sont satisfaites :

(Dépendance) E survient sur B_i ; et malgré cela,
(Nouveauté) E agit causalement sur B_i (à un temps
               ultérieur).

La dynamique d'une telle conception standard de
l'émergence se retrouve schématisée en figure 1. Pour
bien appréhender le diagramme, dont nous aurons à
nouveau l'occasion d'exploiter le contenu plus loin, on
notera certaines conventions d'écriture. Tout d'abord,
les expressions B_i et E_i réfèrent aux instanciations des
propriétés de base et émergentes, respectivement, au temps
t_i (par simplicité, il a été omis que la base d'émergence
peut être un ensemble de propriétés $\{B^j_i\}$ avec $1<j<n$).
La direction horizontale reprend donc l'écoulement du
temps, et la direction verticale la hiérarchie naturelle en
niveaux ou en ordres (aussi par souci de simplicité, on
ne différenciera pas les cas de composition parties-tout
des cas non compositionnels). Ensuite, les flèches à tête
creuse représentent des relations de survenance (leur
verticalité est signe de leur nature synchronique), et les
flèches à tête pleine schématisent des relations causales
(leur horizontalité est signe de leur nature diachronique).
On notera enfin que la flèche à tête pleine capturant
une relation causale au niveau des émergents a été
représentée en pointillés, dans la mesure où elle joue un

rôle secondaire dans la discussion menée jusqu'ici (on peut même rester agnostique quant au fait qu'une telle relation existe).

Figure 1 – Dynamique de la conception standard de l'émergence.

Par souci de rigueur, on notera que la position physicaliste réductionniste articulée autour de la survenance et du rejet de la causalité descendante, ainsi que le dualisme des substances construit sur base d'un rejet de la survenance et d'une acceptation de la causalité descendante, ne capturent que des versions possibles de ces positions, mais ne les épuisent pas. Par exemple, il est en effet possible de penser un dualisme des substances en termes de parallélisme (de type leibnizien) plutôt qu'en interactionnisme (de type cartésien), et ainsi de ne pas avoir recours à la causalité descendante. Similairement, on peut décliner le physicalisme réductionniste différemment, par exemple en remplaçant la survenance par une relation de dépendance plus forte, comme l'identité.

Arrivés au terme de ce chapitre, nous disposons maintenant d'une définition standard de l'émergence. Sur base de celle-ci, nous nous tournons maintenant vers une analyse dont l'objectif est de définir les variétés d'émergence identifiées dans le chapitre précédent, à savoir l'émergence épistémologique et l'émergence ontologique.

CHAPITRE IV

DÉFINIR L'ÉMERGENCE

Au cours du chapitre précédent, nous avons élucidé deux notions – la survenance et la causalité descendante – qui, conjointement, constituent des conditions nécessaires et suffisantes pour définir une version standard de l'émergence. Dans le présent chapitre, sur base de l'argument dit de l'« exclusion causale », nous montrons que cette conception de l'émergence est en réalité problématique. Deux pistes de solution au problème seront envisagées, constituant les branches d'un dilemme que toute pensée de l'émergence rencontre inexorablement. Menées à leur terme, ces deux pistes vont nous conduire à établir des définitions pour les émergences épistémologique et ontologique identifiées dans le chapitre II.

LE DÉFI DE L'EXCLUSION

Si la conjonction de la survenance et de la causalité descendante semble constituer une bonne définition de l'émergence, dans la mesure où ces deux notions, nous l'avons vu, rencontrent les thèses de dépendance et de nouveauté caractéristiques de l'émergence et excluent de ce fait la possibilité d'un physicalisme réductionniste et d'un dualisme des substances, il demeure une interrogation qui fait écho à la tension constitutive de l'émergence que nous avons mise en évidence dans le premier chapitre : la survenance et la causalité descendante sont-elles compatibles entre elles ? Exprimé autrement, l'émergence standard définie dans le chapitre précédent est-elle un concept consistant ?

Quelque peu ironiquement, il se fait que l'un des philosophes contemporains ayant le plus participé à la clarification de l'émergence – le métaphysicien Jaegwon Kim – est aussi celui qui a développé l'argument le plus dévastateur à l'encontre du concept[1]. En substance, ce que cet argument, dit de l'« exclusion causale », démontre est que, étant donné certaines hypothèses, la survenance et la causalité descendante ne peuvent coexister. Corrélativement, l'émergence au sens standard définie dans le chapitre précédent est un concept inconsistant. Voyons maintenant comment l'argument fonctionne[2].

Référons-nous pour ce faire à nouveau à la figure 1 qui représente la dynamique de l'émergence standard mise en évidence au cours du chapitre précédent, et explicitons les deux premières prémisses de l'argument de la manière suivante :

1. Pour une première version de l'argument, le lecteur peut se référer à J. Kim, « The Myth of Non-Reductive Materialism », *Proceedings and Addresses of the American Philosophical Association*, 63, 1989, p. 31-47. Pour une version plus récente et quelque peu clarifiée, voir J. Kim, *Physicalism, or Something Near Enough*, Princeton, Princeton University Press, 2005, chapitre 2.

2. Nous ne développons ici qu'une facette de l'argument qui est dédiée à montrer l'impossibilité de la causalité descendante dans un contexte de survenance, étant donné l'acceptation de certaines hypothèses. L'argument est en réalité plus général, car il établit aussi que, dans un contexte similaire, la causalité de niveau ou d'ordre supérieur – par exemple la causalité mentale – est impossible.

(1) *Hypothèse de survenance*

Les propriétés de niveau supérieur surviennent toujours sur des propriétés de base de niveau inférieur. Eu égard à la situation dépeinte en figure 1, ceci implique que ni E_1 ni E_2 ne peuvent être des propriétés « flottantes », c'est-à-dire qu'elles possèdent toutes deux nécessairement un ancrage à tout moment dans des bases (ultimement) physiques, ici B_1 et B_2.

(2) *Hypothèse de causalité descendante*

Les propriétés de niveau supérieur agissent causalement sur leur base de survenance sous-jacente (à un temps ultérieur).

Ceci n'est autre que l'affirmation selon laquelle, toujours en figure 1, une relation de causalité descendante se noue entre E_1 et B_2. Ensemble, ces deux premières prémisses traduisent l'hypothèse selon laquelle E_1 émerge de B_1, et ce dans le sens standard dont il a été question dans le chapitre précédent.

Ceci étant posé, la question suivante peut être soulevée : qu'est-ce qui détermine exactement l'instanciation de B_2 ? Deux réponses à cette interrogation peuvent être envisagées. D'une part, en vertu de l'hypothèse (2), c'est E_1 qui détermine B_2, en l'occurrence en la causant de manière descendante. D'autre part, rien n'empêche non plus de soutenir que c'est plutôt B_1 qui détermine B_2, et ce par l'entremise d'une relation causale plus « classique », interne au niveau physique. Comment trancher entre ces deux options ? C'est à ce stade qu'entrent en jeu les deux autres prémisses de l'argument, sous la forme suivante :

(3) *Hypothèse de l'exclusion*
Il ne peut exister de surdétermination causale systématique dans notre monde, c'est-à-dire qu'aucun événement, comme ici l'instanciation de B_2, ne peut avoir plus d'une cause suffisante ou totale, excepté dans un cas « authentique » de surdétermination[1].

(4) *Hypothèse de la clôture causale du monde physique*
Quand un événement physique possède une cause en t, il a (au moins) une cause physique en t.

Si l'on considère pour l'instant ces principes comme admis, on notera que la question soulevée plus haut ne trouve qu'une seule réponse possible. En vertu du principe d'exclusion, B_2 ne peut être à la fois causé par E_1 et B_1. Entre ces deux options, il incombe donc d'en disqualifier une. En vertu du principe de clôture causale, il est nécessaire que B_2 ait (au moins) une cause physique antécédente, ce qui conduit à privilégier B_1 – et à disqualifier E_1 – à titre de cause de B_2. Il ne peut donc y avoir de relation causale entre E_1 et B_2, ce qui contredit l'hypothèse (2) de causalité descendante.

---

1. Un tel cas serait celui, par exemple, de deux soldats d'un peloton d'exécution qui tirent sur un condamné et le tuent. Il peut être défendu dans ce contexte, bien que cela soit controversé, que les deux balles des tireurs constituent des causes suffisantes de la mort du condamné. Il est à noter que ce qui constitue la nature « authentiquement » surdéterminée de ce cas de figure, et que nous ne retrouvons *pas* (nécessairement) dans le cadre de causes compétitrices liées par une relation de survenance, comme dans le cas de E_1 et B_1, est que les causes putatives en jeu témoignent d'une certaine *indépendance* l'une par rapport à l'autre (au sens où l'instanciation de l'une ne détermine pas l'instanciation de l'autre).

On le voit donc, cet argument constitue un raisonnement par l'absurde. Il met en évidence le fait que la conjonction des quatre prémisses (1-4) est auto-contradictoire, dans la mesure où souscrire à (1-4), et donc en particulier à (2), conduit à la négation de (2). La morale de l'argument est donc essentiellement celle-ci : les hypothèses (1-4) ne peuvent être soutenues simultanément. Il est nécessaire d'en renier (au moins) l'une d'entre elles.

Si tout le monde s'accorde sur la validité d'un tel raisonnement, c'est lorsqu'il s'agit de déterminer laquelle des hypothèses (1-4) est à renier que les avis divergent et les débats s'animent. La littérature relative à ceux-ci est aujourd'hui très abondante, et il n'est pas le lieu ici pour tenter d'en donner un aperçu, même limité. Une nouvelle fois, nous nous contentons de mettre en évidence l'approche la plus standard. Celle-ci consiste à considérer que, comme telles, les hypothèses d'exclusion et de clôture causale ne peuvent être raisonnablement objectées, au risque d'ouvrir la porte à de nombreux problèmes philosophiques. Dans une telle perspective, et afin de lever la contradiction que l'argument soulève, il est donc nécessaire de rejeter soit la survenance, soit la causalité descendante. Quelle que soit l'option choisie, l'émergence standard définie au chapitre précédent est rendue intenable.

LE DILEMME DE L'ÉMERGENCE

Nous venons de le voir, la survenance et la causalité descendante telles que nous les avons caractérisées au chapitre précédent ne peuvent coexister, car leur coexistence impliquerait soit que certains événements soient systématiquement surdéterminés causalement, soit que la clôture causale du monde physique peut être rompue. Selon Kim, une telle conclusion ne peut que « donner des sueurs froides à ces physicalistes qui veulent le beurre et l'argent du beurre » [1]. Par l'expression « ces physicalistes », Kim vise les physicalistes antiréductionnistes, souscrivant selon lui nécessairement à l'émergence standard, et pêchant par là même par excès d'ambition. D'une part, ceux-ci veulent en effet « le beurre », c'est-à-dire un monisme physicaliste selon lequel le monde physique possède une certaine priorité ontologique. D'autre part, ceux-ci veulent en même temps « l'argent du beurre », c'est-à-dire la reconnaissance qu'existent des entités qui ne se réduisent pas au monde physique. Pour reprendre une expression évocatrice de Carl Gillet, un concept d'émergence qui permettrait de concilier ces deux aspirations constituerait un « Graal métaphysique » [2]. Ce que Kim établit via son argument est que, en substance, ce Graal n'est qu'un phantasme auquel il incombe de renoncer.

Doit-on pour autant renoncer à l'émergence ? Nombreux sont les philosophes aujourd'hui qui répondent à cette question par la négative. Selon eux, il est possible, et cela en dépit de l'argument de l'exclusion causale, et cela même si l'on accepte de souscrire aux hypothèses de l'exclusion et de la clôture causale du monde physique, de défendre certaines formes non triviales d'émergence. En substance, leur stratégie

---

1. J. Kim, *Physicalism, or Something Near Enough, op. cit.*, p. 22. Ma traduction.
2. C. Gillett, « The Varieties of Emergence : Their Purposes, Obligations and Importance », *Grazer Philosophische Studien*, 65, 2002, p. 102.

commune – mais qui bien sûr diffère dans les détails selon les cas – est la suivante : plutôt que de *renoncer* à la survenance ou à la causalité descendante, on peut demeurer émergentiste en *affaiblissant* la survenance ou la causalité descendante de la manière idoine. Deux pistes symétriques de « sauvetage » de l'émergence s'ouvrent ainsi. Selon la première, que nous assimilerons dans ce qui suit à l'émergence épistémologique identifiée dans le chapitre II, il s'agit d'affaiblir la causalité descendante d'une telle manière que soit conservée une certaine idée de nouveauté compatible avec la survenance (demeurée intouchée). Selon la seconde, qui s'identifiera cette fois à l'émergence ontologique, il s'agit d'affaiblir la survenance de telle sorte qu'une certaine idée de dépendance soit conservée qui soit compatible avec la causalité descendante (demeurée intouchée). Bien sûr, quelle quoi soit la voie empruntée, il est nécessaire de sacrifier à une intuition forte que l'émergence standard faisait sienne. Opter pour l'une – conservant « le beurre » – ou l'autre – gardant plutôt l'« argent du beurre » – constitue le dilemme inexorable imposé par l'argument de l'exclusion causale.

Retour sur l'émergence épistémologique

Une première approche pour sauver l'émergence consiste à affaiblir la causalité descendante en conservant la survenance intouchée. Une telle stratégie a été concrètement déployée de diverses manières au cours des dernières années. Nous n'en analysons qu'une seule dans ce qui suit, pas souci de simplicité et de concision.

Considérant que le problème de l'exclusion ne se pose à l'égard de l'émergence que lorsque la causalité descendante est considérée dans une dimension réflexive, il peut être envisagé de redéfinir l'émergence comme la conjonction de la survenance et de la causalité descendante *non* réflexive. Néanmoins, pour ne pas tomber dans le travers évoqué précédemment et qui consisterait à faire de l'émergence une relation mondaine, sinon presque ubiquitaire, une contrainte est généralement posée sur une telle variété de causalité descendante. En l'occurrence, celle-ci doit être considérée comme *sélective*, c'est-à-dire qu'elle doit incarner un mécanisme qui sélectionne certaines propriétés du niveau de l'émergent en vertu de ce que ces dernières accomplissent comme fonction pour le système qui les porte, et ceci *indépendamment* de la nature exacte de leurs bases d'émergence.

Un exemple paradigmatique de ce type de mécanisme sélectif est la sélection naturelle des traits organismiques [1]. Celle-ci sélectionne en effet certains traits pour la fonction qu'ils remplissent au sein de l'organisme, indépendamment de la structure matérielle dans laquelle cette fonction s'implémente. Les cœurs des amphibiens et des humains ont certes été sélectionnés au fil du temps pour leur fonction commune de pompe à sang, mais cette fonction se réalise dans des bases matérielles bien différentes, à savoir, respectivement, un cœur à deux oreillettes et un ventricule dans un système à circulation simple, et un cœur à deux oreillettes et deux ventricules dans un système à double circulation.

Ce qu'il est important de noter ici est qu'un tel mécanisme de « causalité descendante sélective » donne

---

1. D'autres exemples sont la sélection intentionnelle des artéfacts, la sélection des comportements par l'apprentissage ou encore la sélection culturelle des institutions.

naissance à ce qu'il est coutume d'appeler la « réalisation multiple ». Cette expression capture un fait assez simple, à savoir que certaines propriétés naturelles (comme celle de « pompe à sang ») peuvent se réaliser dans des structures physiques sous-jacentes très différentes (par exemple un cœur d'humain ou d'amphibien). Depuis sa mise en avant sur la scène philosophique [1], la réalisation multiple constitue un argument antiréductionniste important et souvent invoqué. En l'occurrence, il est souvent défendu que le prédicat référant à une propriété multiplement réalisée ne peut être défini en termes des prédicats qui réfèrent aux multiples réalisateurs possibles de cette propriété, faisant de la réalisation multiple un fait empirique garantissant l'antiréductionnisme des prédicats tel qu'il a été introduit au chapitre II [2].

La causalité descendante sélective et la réalisation multiple qu'une telle causalité ne manque pas de générer constituent ainsi les conditions suffisantes pour un certain antiréductionnisme, à savoir celui des prédicats. À cet égard, elles capturent une certaine idée de nouveauté ou d'autonomie. Une telle nouveauté est bien sûr plus « faible » que celle qui était véhiculée, nous l'avons vu, au travers de la causalité descendante réflexive, dans la mesure où la première, par contraste avec la seconde,

---

1. Dans H. Putnam, « Psychological Predicates », *in* W. Capitan et D. Merrill (dir.), *Art, Mind, and Religion* (p. 37-48), Pittsburgh, University of Pittsburgh Press. 1967.

2. Pour un argument détaillé, *cf.* J. Fodor, « Special Sciences (Or : The Disunity of Science as a Working Hypothesis) », *Synthese*, 28, 1974, p. 97-115. En guise de justification simplifiée, on dira que la seule manière de définir le prédicat référant à une propriété multiplement réalisée est par l'entremise d'une disjonction dite « sauvage » des prédicats référant aux multiples réalisateurs de cette propriété, c'est-à-dire une disjonction potentiellement infinie, et dont on ne peut d'ailleurs connaître tous les éléments.

n'est qu'épistémologique. Une propriété multiplement réalisée ne peut peut-être pas être décrite par l'entremise des prédicats qui réfèrent à ses réalisateurs, mais elle est par hypothèse déjà contenue dans au moins l'un d'entre eux. Exprimé en des termes causaux, on dira qu'une instance de propriété (multiplement) réalisée tire ses pouvoirs causaux de l'instance de son réalisateur actuel et, de ce fait, elle ne fait pas de différence « authentique » dans le monde en sus de ce réalisateur.

Néanmoins, le sacrifice consenti par cet affaiblissement de l'idée de nouveauté est contrebalancé par le gain recherché, à savoir que la causalité descendante sélective et la réalisation multiple sont entièrement compatibles avec la survenance, et cela même si l'on accepte les thèses de l'exclusion et de la clôture causale du monde physique. Autrement dit, une forme d'émergence construite comme la conjonction de la causalité descendante sélective et de la survenance évite l'argument de l'exclusion tel qu'il a été exposé précédemment. On posera donc qu'une propriété E émerge épistémologiquement d'une base de propriétés ultimement physiques B_i si et seulement si :

(Dépendance) E survient sur B_i ; et malgré cela,

(Nouveauté) E est soumis à une causalité descendante sélective, de telle sorte que B_i est un réalisateur possible de E parmi de nombreux autres.

En ceci réside une définition possible de l'émergence épistémologique.

Retour sur l'émergence ontologique

Face aux conséquences de l'argument de l'exclusion causale, une seconde stratégie de sauvetage de l'émergence peut être envisagée, qui consiste à affaiblir la survenance en conservant la causalité descendante intouchée.

Considérant que le problème de l'exclusion se pose notamment en vertu du fait que B_2 se retrouve surdéterminé causalement, dans la mesure où il est l'effet de deux causes suffisantes ou totales – E_1 et B_1 – qui entretiennent entre elles un rapport de détermination, l'exclusion peut être évitée aussitôt que ce dernier rapport est rompu. Dans un tel cas de figure, il devient en effet envisageable que E_1 et B_1 agissent au titre de causes nécessaires ou partielles – quoique conjointement suffisantes ou totales – de l'effet B_2, ce qui ne contrevient pas au principe d'exclusion.

Bien sûr, il n'est pas envisageable de considérer que E_1 puisse être *tout à fait* indépendant ou déconnecté de B_1, car cela reviendrait à rejeter tout bonnement l'idée d'une dépendance minimale de E_1 sur B_1, ce qui d'emblée rendrait l'émergence du premier sur le second impensable. Plutôt, il s'agit de considérer que E_1 puisse dépendre de B_1 *sans être déterminé par lui*. Autrement dit, il s'agit de considérer que la survenance de E_1 sur B_1 traduit l'idée d'une *corrélation sans détermination* entre E_1 et B_1. Une manière de penser ainsi la survenance revient à la considérer comme une relation empirique *brute* et *fondamentale*, qui ne peut se fonder dans – ou même être expliquée par – une relation de détermination sous-jacente (comme la réalisation ou la composition). Lorsque E_1 survient sur B_1 de manière brute, on dira ainsi qu'il existe une corrélation fondamentale et inexplicable entre E_1 et B_1 – de telle sorte qu'il y ait un sens minimal à considérer que E_1 dépend de B_1 – sans pour autant qu'il y ait un sens à dire que B_1 détermine E_1.

Ce qui nous importe dans cette stratégie d'affaiblissement de la survenance est en réalité ceci : il est pensable d'envisager une relation de dépendance entre B_1 et E_1 – en l'occurrence la survenance brute – qui soit compatible avec l'idée de causalité descendante de B_2 par E_1, et cela même si l'on adhère aux thèses de l'exclusion et de la clôture causale du monde physique. Dans la mesure où la conciliation entre survenance brute et causalité descendante permet de concevoir un monde où les niveaux supérieurs de la hiérarchie naturelle sont le lieu de nouveaux pouvoirs causaux, certes corrélés aux pouvoirs des niveaux inférieurs mais sans pour autant être déterminés par eux, une telle conciliation est un cadre approprié pour réaliser la synthèse entre physicalisme des substances et antiréductionnisme des propriétés (et donc aussi des prédicats) au sens introduit dans le chapitre II. En conséquence, on posera qu'une propriété E émerge ontologiquement d'une base de propriétés ultimement physiques B_i si et seulement si :

(Dépendance) E survient de manière brute sur B_i ; et malgré cela,

(Nouveauté) E agit causalement sur B_i (à un temps ultérieur).

En ceci réside une définition possible de l'émergence ontologique.

Avant d'en venir au cinquième et dernier chapitre de la première partie de cette étude, il peut être bon de synthétiser brièvement le contenu de la réflexion menée jusqu'ici. Nous l'avons vu, entre les extrêmes réductionniste et dualiste, la médiation émergentiste se déploie par l'entremise d'une conciliation des idées de dépendance et de nouveauté. L'argument de l'exclusion causale montrant qu'interpréter ces idées en termes de survenance et de causalité descendante est voué à l'échec, et que donc l'émergence au sens standard définie dans le chapitre III est intenable comme telle, deux stratégies de repli sont envisageables. La première, correspondant à l'émergentisme épistémologique identifié dans le chapitre II, se construit sur base d'un affaiblissement de l'idée de causalité descendante – affaiblissement pensé sur le mode de la causalité descendante sélective –, la survenance demeurant intouchée. La seconde, assimilée à l'émergentisme ontologique présenté au chapitre II, se pense plutôt comme la conjonction d'une version affaiblie de la survenance – conçue en les termes d'une survenance brute et fondamentale – avec la causalité descendante demeurée intacte. Ensemble, ces deux versions de l'émergence constituent aujourd'hui les pôles autour desquels la recherche philosophique contemporaine se cristallise.

CHAPITRE V

ENJEUX ET APORIES DE L'ÉMERGENCE

Maintenant que nous avons identifié et défini les principales (familles de) variétés de l'émergence, nous nous attachons à en souligner les principaux enjeux. En particulier, nous tentons de montrer dans ce qui suit ce en quoi il peut être philosophiquement utile de défendre l'émergence dans certains contextes. Ensuite, nous mettons en évidence les principales apories de l'émergence, et dégageons sur cette base des pistes de recherche possibles pour l'avenir.

POURQUOI L'ÉMERGENCE ?

L'émergence épistémologique : vers une autonomie des sciences « spéciales »

Nous l'avons vu dans les chapitres II et IV, défendre l'existence d'émergents au sens épistémologique revient à considérer qu'existent certaines entités naturelles qui ne peuvent être adéquatement décrites à partir des ressources conceptuelles de la physique fondamentale, et cela même si ces entités s'avèrent exclusivement et ultimement constituées de particules élémentaires physiques, et manifestent des propriétés qui ne consistent qu'en des combinaisons de propriétés physiques élémentaires.

Conçue de la sorte, l'émergence épistémologique s'avère constituer un outil philosophique décisif au sein d'un débat aussi ancien que la philosophie des sciences elle-même, à savoir celui relatif à l'unité (ou la possible unification de principe) du discours scientifique. En l'occurrence, l'existence potentielle d'émergents épistémologiques constituerait une bonne raison de s'opposer au programme d'unification du discours scientifique tel qu'il a été professé par certains empiristes logiques, unification qui serait ultimement réalisée, au terme de réductions successives, à l'aune de l'élaboration d'une théorie physique ultime, complète et englobante. À titre illustratif d'une telle pensée réductionniste, évoquons ici les propos de Hempel relatifs à la nature de la relation particulière censée se nouer entre sciences psychologiques et sciences physiques :

> Toutes les propositions de la psychologie qui se révèlent avoir du sens, c'est-à-dire, qui s'avèrent en principe vérifiables, peuvent être traduites sous la forme de propositions qui ne contiennent aucun concept psychologique, mais seulement des concepts physiques. En conséquence, les propositions de la psychologie sont des propositions physicalistes. La psychologie fait partie intégrante de la physique [1].

Une telle conception des rapports entre psychologie et physique se révèle frontalement opposée à la possibilité pour de quelconques propriétés psychologiques d'émerger au sens épistémologique d'une base physique sous-

---

1. C. G. Hempel, « The Logical Analysis of Psychology », *in* H. Feigl et W. Sellars (dir.), *Readings in Philosophical Analysis* (p. 373-384), New York, Appleton Century-Crofts, 1949, p. 378. Ma traduction.

jacente, dans la mesure où une telle émergence garantirait que les concepts de la psychologie employés pour référer à ces propriétés seraient à jamais intraduisibles en des termes physiques, sans perte de contenu.

Si l'émergence épistémologique garantit ainsi l'autonomie *descriptive* de certaines sciences spéciales et, corrélativement, met à mal l'idéal de traduction universelle des concepts scientifiques en concepts physiques fondamentaux, elle peut aussi être invoquée pour promouvoir une forme plus forte – et, incidemment, philosophiquement plus porteuse – d'autonomie pour ces mêmes sciences spéciales, à savoir une autonomie *explicative*[1]. Une manière classique de rencontrer un tel enjeu consiste à embrasser le modèle déductivo-nomologique de l'explication scientifique et à invoquer le fait que, lorsqu'un concept E ne peut se traduire, sans perte de contenu, en les termes d'une combinaison de concepts B_i, les lois invoquant E ne peuvent être déduites des lois invoquant les B_i. De ceci, il ressort en effet que les lois des sciences spéciales qui invoquent des concepts référant à des propriétés épistémologiquement émergentes ne peuvent pas être expliquées – au sens de « déduites » – à partir des lois de la physique.

Ce qu'il est important de noter ici, c'est que l'émergentisme épistémologique s'oppose à l'idéal d'unification ultime du discours scientifique dans la physique fondamentale et, incidemment, promeut l'autonomie descriptive et explicative des disciplines

---

1. En substance, on dira d'une science spéciale qu'elle est explicativement autonome par rapport à la physique fondamentale lorsque les phénomènes que la première étudie (ou les lois que la première invoque) ne peuvent pas être expliqué(e)s, par principe, au regard des ressources épistémiques de la seconde.

scientifiques dites « spéciales » comme la biologie, la géologie, la psychologie ou l'économie, *sans avoir à embrasser un quelconque dualisme ontologique* qui peut se révéler gênant et relativement fragile sur le plan scientifique et philosophique. Par exemple, dans la perspective d'un émergentisme épistémologique, il peut être légitimement envisagé que les sciences psychologiques ont accès à certaines vérités sur leur objet d'étude, vérités qui ne pourront jamais, par principe, être saisies à l'aune de théories physiques, et cela sans avoir à s'engager quant à l'existence d'une quelconque déclinaison de la *res cogitans* cartésienne, engagement difficile à soutenir et à justifier au regard de l'image du monde telle que suggérée par les neurosciences contemporaines [1].

L'émergence ontologique : vers un monde naturel riche et diversifié

Dans la mesure où l'émergence ontologique garantit également, à l'instar de l'émergence épistémologique, un antiréductionnisme des prédicats, la première peut être mobilisée dans une optique similaire à la seconde, c'est-à-dire afin de justifier une certaine forme de désunité du discours scientifique, de la manière dont nous venons de l'évoquer dans la section précédente. Ceci étant, comme nous l'avons vu au cours du chapitre II,

---

1. La difficulté à justifier un dualisme ontologique n'est pas étrangère au fait qu'un tel dualisme a quasiment disparu du paysage scientifique contemporain. Même dans le cadre des neurosciences, pourtant aux prises avec un objet éminemment complexe et encore largement incompris, les rares scientifiques s'étant osés au dualisme ont rapidement été décrédibilisés, et cela même lorsque ceux-ci se sont révélés être d'excellents chercheurs (le cas du neurophysiologiste Eccles, lauréat du prix Nobel de médecine, s'avère frappant à cet égard).

l'émergence ontologique garantit aussi une forme plus radicale d'antiréductionnisme – en l'occurrence un antiréductionnisme des propriétés – dans la mesure où elle s'associe à l'existence, au sein du monde naturel lui-même, de propriétés de niveau supérieur qui n'admettent pas de décomposition en termes de propriétés (ultimement) physiques (et cela malgré le fait que les entités porteuses de propriétés ontologiquement émergentes sont exclusivement et ultimement constituées d'entités physiques élémentaires). Exprimé au travers du prisme des concepts introduits dans le chapitre IV, les propriétés ontologiquement émergentes sont le théâtre de nouveaux pouvoirs causaux qui ne se réduisent pas aux pouvoirs des propriétés sous-jacentes sur lesquelles elles surviennent (de manière brute).

On le conçoit donc, l'émergence ontologique constitue un outil philosophique à l'aune duquel l'authenticité et l'existence même de certaines réalités de niveau supérieur peut être légitimée. Elle permet ainsi de s'opposer à l'ontologie parcimonieuse – certains diront plutôt « pauvre » ou « vide » – du physicalisme réductionniste, en peuplant l'ontologie du monde d'une (potentielle) pluralité d'entités diverses appartenant à des niveaux de réalités distincts et tous, dans un certain sens, fondamentaux. En particulier, adhérer à l'idée que certains émergents ontologiques existent à un niveau donné du modèle stratifié revient à considérer que ceux-ci sont le lieu d'une réelle efficacité causale en sus de celle de leurs bases d'émergence, ultimement physiques.

Si un tel enjeu de l'émergence peut être envisagé dans toute sa généralité, c'est en réalité souvent dans le contexte des sciences de l'esprit qu'il se cristallise de la manière la plus courante et la plus sensible. Dans ce contexte, en effet, l'émergentisme ontologique se positionne comme une alternative au physicalisme réductionniste aux conséquences épiphénoménistes, et cela *sans avoir à embrasser une quelconque déclinaison de dualisme cartésien*. À l'aune d'un tel émergentisme, il devient alors envisageable de formuler, par exemple, une théorie réaliste et non dualiste à l'égard du libre arbitre [1].

APORIES DE L'ÉMERGENCE

Dans la section précédente, nous avons indiqué deux types d'enjeux possibles pour les variétés de l'émergence identifiées dans le chapitre II. De tels enjeux ne peuvent toutefois être rencontrés qu'à la condition que certaines difficultés associées à ces variétés soient au préalable reconnues et, surtout, résolues. Dans ce qui suit, nous épinglons les principales de ces difficultés.

L'émergence épistémologique :
description et explication

Nous l'avons indiqué, l'émergence épistémologique telle qu'elle a été définie au chapitre IV s'avère un concept potentiellement porteur dans la mesure où il autoriserait à promouvoir deux types d'autonomie pour les sciences spéciales, à savoir l'autonomie descriptive et l'autonomie explicative. La difficulté que nous souhaitons souligner ici est en réalité double. Premièrement, alors que l'émergence épistémologique parvient en effet à garantir

---

1. *Cf.* par exemple T. O'Connor, « Causality, Mind, and Free Will », art. cit. Plus précisément, l'émergentisme ontologique permet de penser qu'existe une authentique causalité mentale, ce qui constitue généralement une condition nécessaire (quoique non nécessairement suffisante) pour penser le libre arbitre.

l'autonomie descriptive des sciences spéciales, une telle autonomie ne constitue pas un enjeu philosophique décisif. Ensuite, l'autonomie explicative des sciences spéciales constitue un enjeu philosophique décisif, mais il n'est pas évident que l'émergence épistémologique parvienne réellement à la garantir.

Le fait que l'autonomie explicative constitue – et qu'à l'inverse, l'autonomie descriptive ne constitue pas – un enjeu philosophique décisif ressortit à l'observation largement partagée selon laquelle la vocation de la science n'est pas de décrire le monde naturel, mais plutôt de l'expliquer (et de le prédire)[1]. À cet égard, le fait que certaines disciplines puissent décrire certaines propriétés de niveau supérieur d'une manière qui ne peut avoir de répondant en termes physiques est certes intéressant, mais ne fait pas de différence dans la réalité de la pratique scientifique ainsi que dans la trajectoire future de la science. À l'inverse, l'existence potentielle de propriétés inexplicables à partir des ressources épistémiques de la physique aurait un impact pratique certain, dans la mesure où elle indiquerait que certaines voies explicatives sont à jamais impraticables. À cet égard, l'émergentisme épistémologique revêtirait une dimension normative : il ferait sienne la prescription méthodologique selon laquelle les scientifiques doivent

---

1. Hempel utilise d'ailleurs ce contraste entre description et explication/prédiction pour distinguer certains savoirs comme l'histoire – qui décrit les événements passés – et la physique – qui explique les événements au travers de l'identification de lois (*cf.* C.G. Hempel, *Aspects of Scientific Explanation, and other Essays in the Philosophy of Science, op. cit.*). Le fait que la science cherche avant tout à expliquer et à prédire n'empêche pas qu'elle poursuive éventuellement d'autres objectifs qui dépendent de ses capacités à expliquer et à prédire, comme par exemple la manipulation et le contrôle de ses objets.

mobiliser des approches explicatives alternatives à celle traditionnellement réductive dans l'étude de certains phénomènes [1].

Maintenant, s'il est vrai que l'émergence épistémologique impose une certaine désunité descriptive au discours scientifique, il n'est en réalité pas automatique que celle-ci s'accompagne nécessairement d'une désunité explicative correspondante. La raison en est essentiellement qu'une telle désunité ne s'ensuit, comme nous l'avons évoqué plus haut, que lorsque l'on décide de souscrire à ce modèle particulier de l'explication scientifique qu'est le modèle déductivo-nomologique. Or, un tel modèle a été critiqué sur divers fronts au point d'être aujourd'hui largement tombé en désuétude [2]. Une raison parmi d'autres d'un tel abandon presque systématique consiste en cela que le schéma déductivo-nomologique ne capture pas la manière effective avec laquelle les scientifiques expliquent certains phénomènes, ce qui semble particulièrement vrai dans les sciences spéciales, comme par exemple en biologie.

Cette difficulté de l'émergence épistémologique est en réalité rendue plus pressante encore lorsque l'on constate que, à l'aune des modèles d'explication qui ont historiquement remplacé ou supplanté le modèle déductivo-nomologique, les propriétés

---

1. De telles approches alternatives peuvent prendre divers visages. Dans l'étude des systèmes vivants soumis à la sélection naturelle, elles peuvent par exemple être historiques ou finalistes. *Cf.* par exemple E. Mayr, *What Makes Biology Unique ? Considerations on the Autonomy of a Scientific Discipline*, Cambridge, Cambridge University Press, 2004.

2. *Cf.* par exemple W. C. Salmon, *Scientific Explanation and the Causal Structure of the World*, Princeton, Princeton University Press, 1984.

épistémologiquement émergentes peuvent être généralement expliquées à partir d'une connaissance de leur
base d'émergence, et cela en dépit de l'argument de
la réalisation multiple tel qu'il a été esquissé dans le
chapitre IV.

Afin de mettre en évidence cet état de fait,
proposons une illustration. Supposons que la propriété
psychologique de « douleur » est épistémologiquement
émergente et donc, entre autres choses, multiplement
réalisable. Considérons en particulier deux de ses réalisateurs possibles, B_1 et B_2, qui peuvent être, par exemple,
la structure neurophysiologique de Fred au temps t et
la structure neurophysiologique de Junior, le chien de
Fred, au même temps t. Nous l'avons vu, le fait que la
douleur puisse être implémentée dans des structures très
diverses implique qu'on ne peut traduire le concept de
douleur en des termes neurophysiologiques univoques,
d'où il s'ensuit l'impossibilité d'expliquer la douleur
au départ de B_1 et B_2 dans la perspective du modèle
déductivo-nomologique. Par contre, il ne s'ensuit pas
que la douleur *de Fred* ne puisse pas être expliquée au
départ d'une connaissance de son réalisateur propre, à
savoir B_1, ni que la douleur *de Junior* ne puisse pas être
expliquée au départ d'une connaissance de son réalisateur
propre, à savoir B_2, et cela à l'aune d'un autre modèle de
l'explication scientifique, comme par exemple le modèle
« causal-mécanique » en vertu duquel expliquer un effet
revient à en identifier les causes ou les mécanismes
générateurs. En l'occurrence, il est tout à fait possible
– et d'ailleurs même probable, étant donné la littérature
scientifique sur la question – que l'on puisse expliquer
pourquoi Fred et Junior ressentent une douleur au temps
t à partir, par exemple, de la stimulation de certaines

régions neuronales – très probablement structurellement différentes – de Fred et Junior au temps t (ou à un temps antérieur). Le contenu philosophique de cet exemple mondain se résume en réalité à ceci : si la réalisation multiple de propriétés de niveau supérieur rend impossible toute tentative d'explication *globale* de ces propriétés, elle ne s'oppose pas à ce que des explications *locales* de chacune des *instances particulières* de ces propriétés ne soit possible en principe. Et la disponibilité de telles explications locales, qui peuvent se décliner à l'infini selon le nombre de réalisateurs possibles de la propriété envisagée au départ, est tout ce qui est requis pour penser que tous les phénomènes naturels sont ultimement explicables en termes de causes ou de mécanismes physiques.

Il ressort de ces considérations que l'émergence épistémologique telle qu'elle a été formulée dans cet ouvrage est un concept relativement faible, dans la mesure où elle échoue à garantir une forme d'autonomie des sciences spéciales eu égard à une dimension de l'activité scientifique qui importe vraiment, à savoir l'explication. Eviter cet écueil requerrait de reconceptualiser l'émergence épistémologique de telle manière à ce que les propriétés épistémologiquement émergentes ne puissent pas être intégralement expliquées – sur un mode local, de type causal-mécanique par exemple – en termes de leurs bases. Une manière évidente d'aller dans ce sens serait la suivante : considérant le fait que l'explication causale-mécanique de propriétés de niveau n en des termes de niveaux inférieurs échoue aussitôt que les causes ou mécanismes générateurs de ces propriétés sont localisés au niveau n et s'avèrent irréductibles à des causes ou mécanismes de niveau inférieurs, l'émergence qui garantirait la désunité explicative des sciences serait celle qui postulerait l'avènement de pouvoirs causaux irréductibles. Nous le voyons cependant, suivre une telle voie nous conduirait dans le registre de l'émergence ontologique qui, comme nous allons le voir à présent, est sujette à ses propres difficultés [1].

L'émergence ontologique : le problème de l'exemplification empirique

Comme nous l'avons souligné précédemment, l'enjeu principal de l'émergence ontologique telle qu'elle a été définie lors du chapitre IV consiste à rendre compte de l'existence et de l'authenticité de certaines réalités de niveau supérieur, et cela en particulier en justifiant l'efficacité causale irréductible de ces réalités. Bien sûr, pour être rencontré, un tel enjeu requiert un préalable essentiel : il est nécessaire que des cas d'émergence ontologique existent bel et bien dans notre monde. C'est à cet égard que l'émergentisme ontologique rencontre sa principale difficulté, que nous pouvons capturer par l'entremise des deux affirmations critiques suivantes, que nous discutons ci-après : (i) il n'existerait pas de cas probant d'émergence ontologique dans notre monde ; (ii) il ne serait pas possible de savoir qu'il existe des

---

1. Des pistes plus subtiles que celle brièvement évoquée ici ont été récemment développées, avec en ligne de mire de rendre l'émergence épistémologique incompatible avec l'unité explicative des sciences sans pour autant s'engager dans une perspective explicitement ontologique. À titre d'exemple, on peut évoquer l'approche de Batterman articulée autour de la notion d'explication asymptotique irréductible prenant corps dans le contexte d'interfaces inter-théoriques mettant en scène un certain type (dit « singulier ») de processus limite. *Cf.* R. W. Batterman, *The Devil in the Details : Asymptotic Reasoning in Explanation, Reduction, and Emergence*, Oxford, Oxford University Press, 2002.

cas probants d'émergence ontologique dans notre monde. Ensemble, ces deux affirmations capturent ce que l'on peut appeler le « problème de l'exemplification empirique » de l'émergence ontologique.

La première des affirmations critiques constitutives de ce problème est généralement formulée par ces penseurs qui estiment que la charge de la preuve est actuellement dans le camp des émergentistes ontologiques [1]. C'est en effet à ceux-ci d'identifier certains phénomènes naturels qui seraient le théâtre d'une émergence ontologique et, par suite, de justifier leur identification. Et si nombreuses sont les propositions d'exemplification de l'émergence ontologique dans notre monde – les principales mettant généralement en jeu certaines modalités de l'esprit humain –, bien rares sont celles qui s'accompagnent d'une tentative de justification de telles identifications, en tout cas autrement que par l'entremise d'un simple argument de possibilité ou d'intelligibilité. Ceci n'est en réalité pas étonnant lorsque l'on constate que la majorité des débats relatifs à l'émergence ontologique sont restreints au champ particulier de la métaphysique (de tradition analytique), et ne témoignent corrélativement que d'un intérêt très secondaire quant à la plausibilité empirique des propositions positives qui y sont formulées [2]. La

1. Pour la défense d'une telle idée, voir par exemple B. McLaughlin, « The Rise and Fall of British Emergentism », *in* A. Beckermann, H. Flohr et J. Kim (dir.), *Emergence or Reduction? Essays on the Prospects of Nonreductive Physicalism* (p. 49-93), Berlin, de Gruyter, 1992.

2. Dans le cas de l'esprit, une exception notable consiste en les travaux du neurobiologiste nobélisé Roger Sperry, qui défend un émergentisme ontologique articulé à des propositions concrètes de phénomènes physiques qui exemplifieraient la conjonction requise de survenance et de causalité descendante (voir par exemple R. W. Sperry,

source ultime de la grande difficulté à identifier des cas concrets d'émergence ontologique réside en réalité dans la difficulté à exemplifier la causalité descendante définitoire d'une telle émergence. La raison en est qu'une telle causalité descendante requiert qu'existent dans le monde des forces dites « configurationnelles » qui ne se réduiraient pas aux quatre forces physiques qui peuplent aujourd'hui le bestiaire des physiciens (à savoir la gravitation, l'électromagnétisme, l'interaction faible et l'interaction forte). Et il se fait que de telles forces non physiques n'ont simplement à ce jour – et peut-être jusqu'à preuve du contraire – jamais été observées[1].

Ce premier problème d'absence d'exemplification empirique probante de l'émergence ontologique se double en réalité de la difficulté supplémentaire capturée par la seconde affirmation critique formulée plus haut : il serait en réalité impossible de justifier que certains phénomènes naturels exemplifient l'émergence

« A Modified Concept of Consciousness », *Psychological Review*, 76, 1969, p. 532-536). Cependant, les exemples proposés par Sperry, sur le modèle de la roue dévalant une colline et qui causerait de manière descendante le mouvement non rectiligne de ses molécules constitutives, ont tous été montrés comme profondément problématiques (*Cf.* J. Kim, « Making Sense of Emergence », art. cit.).

1. Une piste de recherche récente à même de contourner ce problème consiste à repenser la causalité descendante de manière à ce qu'elle ne s'associe pas à l'existence de forces configurationnelles. Une façon de procéder est de penser la détermination descendante des émergents ontologiques de manière non causale, sur le modèle « machrétique » proposé par exemple dans C. Gillett, *Reduction and Emergence in Science and Philosophy*, Cambridge, Cambridge University Press, 2016. Notons que l'association de la causalité descendante à l'existence de forces configurationnelles s'explique notamment par le fait que la causalité considérée ici s'entend comme un transfert d'une quantité physique (comme l'énergie ou la quantité de mouvement ; *cf.* chapitre III).

ontologique, et cela quand bien même de tels phénomènes seraient bel et bien ontologiquement émergents. La justification d'une telle affirmation critique réside dans le fait que personne ne peut prétendre avoir un accès direct et privilégié à l'ontologie des systèmes naturels afin de tenter d'y déceler, si oui ou non, ceux-ci rencontrent les réquisits définitionnels de l'émergence ontologique. En conséquence, les seules ressources disponibles au philosophe désireux d'évaluer la plausibilité empirique de l'émergence ontologique consistent en les marques qu'induirait l'existence d'une telle émergence au sein des constructions formelles employées pour étudier les systèmes naturels. En l'occurrence, puisque justifier une attribution d'émergence ontologique à l'égard d'une propriété donnée E demande de légitimer la croyance en le fait que les effets physiques induits par E ne pourront jamais être les effets exclusifs de causes physiques, il en découle qu'il ne sera *jamais* possible de formuler une explication causale complète de tels effets en des termes purement physiques (ou qui feraient l'économie de E). Cet état de fait s'assortit de deux difficultés potentielles. D'une part, fonder la plausibilité empirique de l'émergence ontologique par l'entremise de considérations ressortissant exclusivement à un quelconque défaut d'explication sape d'emblée toutes les raisons de penser que l'émergence en question est bien ontologique, et pas simplement épistémologique. D'autre part, fonder de la sorte la plausibilité empirique de l'émergence ontologique revient en définitive à formuler un argument d'impossibilité – ici en l'occurrence l'impossibilité de formuler une explication causale au niveau fondamental –, ce qui, de notoriété, est un exercice périlleux. Seules deux options sont en effet ouvertes à cet égard pour l'émergentiste ontologique. Premièrement, celui-ci peut appeler à un acte de foi, dans la mesure où il se pourrait très bien que le monde soit tel que l'action des émergents ontologiques soit inexplicable par principe, en vertu du fait que la dépendance des émergents sur leurs bases est elle-même inexplicable, brute ou ultime. Cette voie a historiquement été celle de certains émergentistes classiques, à la manière de Samuel Alexander, affirmant par exemple que « l'existence de qualités émergentes […] est quelque chose […] qui doit être acceptée avec la 'piété naturelle' de l'investigateur. Elle n'admet pas d'explication »[1]. Cette approche a cependant été rapidement sévèrement critiquée – par exemple par Montague, qui la qualifia de « traîtrise scientifique »[2] – dans la mesure où elle traduit un certain obscurantisme peu stimulant pour la curiosité scientifique, qui se révèle d'ailleurs en opposition avec l'état d'esprit du naturalisme, dont Alexander, à l'instar des autres émergentistes classiques, se revendique. Une seconde voie est toutefois possible, qui cristallise d'ailleurs le point commun des propositions les plus récentes pour exemplifier de manière non obscurantiste l'émergence ontologique dans le monde naturel. Elle consiste à exploiter certaines richesses insoupçonnées des théories scientifiques elles-mêmes pour y déceler

1. S. Alexander, *Space, Time, and Deity*, Londres, Macmillan, 1920, p. 46-47. Ma traduction. Comme nous le verrons à l'occasion d'une analyse de texte dans la seconde partie de cet ouvrage, l'émergentiste Lloyd Morgan partage une telle idée, qu'il fonde ultimement dans l'activité inintelligible de Dieu.

2. W. P. Montague, « A Materialistic Theory of Emergent Evolution », *in* J. Dewey (dir.), *Essays in Honor of John Dewey, on the Occasion of His Seventieth Birthday* (p. 257-273), New York, Henri Holt, 1929, p. 265. Ma traduction.

des mécanismes qui rendent compte de l'impossibilité de principe d'expliquer physiquement les effets induits par des émergents ontologiques. En guise d'illustration de cette tendance prometteuse, certains philosophes et scientifiques ont récemment invoqué les mécanismes physiques d'intrication quantique, de brisure de symétrie ou de transition de phase pour justifier une déconnexion épistémique à même de légitimer notre croyance en le fait que de tels mécanismes sont producteurs d'émergents ontologiques [1].

Conclusion : retour sur le dilemme de l'émergence

Si, comme nous l'avons vu dans le chapitre IV, les émergences épistémologique et ontologique se sont constituées comme les deux branches d'un inévitable dilemme imposé par l'argument de l'exclusion causale, il n'est pas étonnant de voir à nouveau ce dilemme à l'œuvre lorsque l'on s'intéresse aux enjeux et apories de l'émergence. En effet, la réflexion menée dans le présent chapitre peut se résumer en deux temps. D'une part, l'émergence épistémologique est un concept relativement faible, dans la mesure où il échoue à rencontrer certains enjeux philosophiques porteurs, comme garantir l'auto-nomie explicative de certaines sciences spéciales. Cette

---

1. Relativement à l'intrication quantique, voir par exemple P. Humphreys, « How Properties Emerge », *Philosophy of Science*, 64, 1997, p. 1-17. Relativement à la brisure spontanée de symétrie, voir par exemple R. B. Laughlin, *A Different Universe : Reinventing Physics from the Bottom Down*, New York, Basic Books, 2005. En ce qui concerne les transitions de phase, seules certaines catégories d'entre elles ont été proposées comme mécanismes potentiels producteurs d'émergents ontologiques. Voir par exemple A. Guay, et O. Sartenaer, « A New Look at Emergence. Or When After is Different », in *European Journal for Philosophy of Science*, 6, 2016, p. 297-322.

faiblesse a néanmoins un contrepoint positif : il est aisé d'identifier (et de légitimer l'identification de) certains émergents épistémologiques au sein du monde naturel. D'autre part, l'émergence ontologique est un concept qui court le risque de se révéler trop fort, dans la mesure où il s'associe à des enjeux tels qu'il se pourrait que le concept ne puisse recevoir de support empirique probant.

Eu égard à ce dilemme, la problématique particulière de l'émergence illustre bien la difficulté propre à la philosophie des sciences de concilier de manière pacifique intérêt philosophique et pertinence scientifique. Tout le défi pour les émergentistes de tous bords consiste en définitive à ne jamais trop valoriser l'un au détriment de l'autre.

TEXTES ET COMMENTAIRES

TEXTE 1

John Stuart Mill

De la composition des causes [1]

§ 1. – Pour compléter la notion générale de la causation sur laquelle doivent être basées les règles de l'investigation expérimentale de la nature, il nous reste à établir une distinction, distinction assez radicale et assez importante pour exiger un chapitre à part.

Les discussions précédentes nous ont rendu familier le cas où plusieurs agents ou causes interviennent comme conditions de la production d'un effet; cas, en fait, presque universel; car il y a très peu d'effets causés par un seul agent. Supposé, donc, que deux agents opérant ensemble soient suivis, sous un certain nombre de conditions collatérales, d'un effet donné. Si chacun de ces agents, au lieu d'être joint à un autre, avait opéré tout seul sous les mêmes conditions, il en serait résulté probablement un effet autre que celui des deux agents réunis et plus ou moins dissemblable. Or, si l'on parvient à connaître quels seraient les effets de

1. J. S. Mill, « De la composition des causes », *Système de logique. Déductive et inductive. Exposé des principes de la preuve et des méthodes de recherche scientifique*, trad. L. Peisse, Paris, Librairie philosophique de Ladrange, 1866 [1843], p. 405-414.

chaque cause agissant séparément, on est souvent en état d'arriver déductivement ou *a priori* à la prévision juste de ce qui résultera de leur action associée. Pour cela, il faut seulement que la même loi qui exprime l'effet de chacune des causes agissant seule exprime exactement aussi la part de cette cause dans l'effet résultant des deux réunies. Cette condition se trouve réalisée dans la vaste et importante classe des phénomènes communément appelés mécaniques, c'est-à-dire les phénomènes de la communication du mouvement (ou de pression qui est une tendance au mouvement) d'un corps à un autre. Dans cette classe importante de cas de causation, aucune cause, à proprement parler, n'en détruit ni n'en altère une autre ; chacune à son plein et entier effet. Si un corps est poussé dans deux directions par deux forces, dont l'une tend à le faire aller au nord et l'autre à l'est, il ira dans un temps donné exactement aussi loin dans les *deux* directions que si chaque force l'avait poussé séparément ; et il reste précisément là où il serait arrivé s'il avait été actionné d'abord par l'une des deux forces et ensuite par l'autre. Cette loi de la nature est appelée en dynamique le Principe de la Composition des Forces ; et à l'imitation de cette expression bien choisie, j'appellerai Composition des Causes le principe applicable à tous les cas dans lesquels l'effet total de plusieurs causes réunies est identique à la somme de leurs effets séparés.

Ce principe ne règne pas cependant dans toutes les parties du champ de la nature. La combinaison chimique de deux substances produit, comme on sait, une troisième substance dont les propriétés sont complètement différentes de celles de chacune des deux substances séparément ou de toutes deux prises ensemble. Il n'y a pas trace des propriétés de l'hydrogène et de l'oxygène dans celle de leur composé, l'eau. La saveur du sel de plomb n'est pas la somme des saveurs de ses composants, l'acide acétique, le plomb ou ses oxydes; et la couleur de la couperose bleue n'est pas un mélange des couleurs de l'acide sulfurique et du cuivre. Ceci explique pourquoi la Mécanique est une science déductive ou démonstrative, et la chimie pas. Dans l'une on peut calculer les effets de toutes les combinaisons des causes, réelles ou hypothétiques, d'après les lois connues qui gouvernent ces causes quand elles agissent séparément, parce que ces causes, combinées comme séparées, observant les mêmes lois, ce qui serait arrivé en conséquence de chaque cause prise à part arrive encore quand elles se trouvent ensemble, et on n'a qu'à additionner les résultats. Il n'en est pas de même pour les phénomènes dont s'occupe spécialement la science chimique. Là, la plupart des uniformités auxquelles se conforment les causes agissant séparément, disparaissent entièrement quand elles sont réunies ; et nous sommes hors d'état, du moins dans l'état actuel de la science, de prévoir, avant une expérimentation directe, le résultat d'une combinaison nouvelle.

Si cela est vrai des combinaisons chimiques, ce l'est encore plus de ces combinaisons infiniment plus complexes des éléments qui constituent les corps organisés, et où apparaissent ces extraordinaires uniformités nouvelles qu'on appelle les lois de la vie [...].

Il y a ainsi deux différents modes de l'action combinée des causes, desquels dérivent deux modes de conflit ou d'interférence mutuelle entre les lois de la nature [...].

§ 2. – Cette différence entre le cas où l'effet réuni des causes est la somme de leurs effets séparés, et le cas où il leur est hétérogène ; entre les lois qui fonctionnent ensemble sans altération et les lois qui fonctionnent ensemble cessent et font place à d'autres, est une distinction fondamentale dans l'ordre de la nature. Le premier cas, celui de la Composition des Causes, est le fait général ; l'autre est toujours spécial et exceptionnel. Il n'y a pas d'objets qui n'obéissent, en quelques-uns de leurs phénomènes, au principe de la Composition des Causes ; il n'y en a pas qui ne reconnaissent des lois qui s'accomplissent rigoureusement dans quelque combinaison qu'ils se trouvent. Le poids d'un corps, par exemple, est une propriété qu'il garde dans toutes les combinaisons auxquelles il peut être soumis. Le poids d'un composé chimique, d'un corps organisé, est égal à la somme des poids des éléments qui le composent. [...] De même, les parties composantes d'une substance végétale ou animale ne perdent pas leurs propriétés mécaniques et chimiques comme agents séparés quand, par un mode particulier de juxtaposition, elles ont acquis en plus, comme agrégat, des propriétés physiologiques ou vitales. Ces corps continuent comme auparavant d'obéir aux lois chimiques et mécaniques, tant que l'action de ces lois n'est pas contrecarrée par les lois nouvelles qui les gouvernent comme êtres organisés. En somme, lorsque a lieu un concours de causes qui met en jeu des lois nouvelles, n'ayant d'analogie avec aucune de celles qui se manifestent dans l'action des causes séparées, les lois nouvelles, tout en suspendant une partie des autres, peuvent coexister avec une autre partie et même combiner l'effet de ces lois avec le leur propre.

En outre, des lois engendrées dans le second mode peuvent en engendrer d'autres dans le premier. En effet, bien qu'il y ait des lois qui, comme celles de la chimie et de la physiologie, doivent leur existence à une infraction du principe de la Composition des Causes, il ne s'ensuit pas que ces lois particulières ou, comme on pourrait les appeler, *hétéropathiques*, ne sont pas susceptibles de combinaison avec d'autres. Les causes dont les lois ont été altérées dans une certaine combinaison peuvent apporter avec elles dans leurs combinaisons ultérieures leurs nouvelles lois non altérées. Ainsi, il n'y a pas à désespérer d'élever la chimie et la physiologie au rang des sciences déductives ; car, quoiqu'il soit impossible de déduire toutes les vérités chimiques et physiologiques des lois ou propriétés des substances simples ou agents élémentaires, elles pourraient être déduites des lois qui apparaissent quand ces éléments sont réunis ensemble en un petit nombre de combinaisons pas trop complexes. Les Lois de la Vie ne seront jamais déductibles des lois simples des éléments, mais les faits prodigieusement compliqués de la Vie peuvent l'être tous de lois de la vie comparativement plus simples […]. Il en est de même pour les phénomènes de l'esprit, et même pour les phénomènes sociaux et politiques qui sont les résultats des lois de l'esprit. Jusqu'ici, c'est en chimie qu'on a le moins réussi à réduire[1] les lois particulières à des lois générales dont elles découleraient et seraient déductibles. Mais il y a, même en chimie, des circonstances qui permettent d'espérer qu'on découvrira un jour ces lois. Sans doute, les propriétés diverses d'un composé chimique ne représenteront jamais la somme des propriétés des éléments séparés ; mais il peut y avoir entre

1. L'occurrence du terme « réduire » dans ce contexte où il semble aujourd'hui particulièrement approprié semble le fruit d'une coïncidence stylistique dans le chef du traducteur, John Stuart Mill n'ayant pas employé dans l'original le terme « *reduce* », mais plutôt celui de « *bringing under* » [N.D.E.].

les propriétés du composé et celles des éléments quelque rapport constant, qui, une fois constaté par une induction suffisante, nous mettrait à même de prévoir, avant l'expérience, quelle espèce de composé résultera d'une combinaison nouvelle, et de déterminer, avant de l'avoir analysée, la nature des éléments dont une substance nouvelle est composée. [...] On voit ainsi que, même des lois hétéropathiques, ces lois d'une action combinée, qui ne se composent pas des lois des actions séparées, en dérivent pourtant, au moins dans quelques cas, suivant un principe déterminé. La génération de certaines lois par d'autres lois dissemblables aurait donc aussi sa loi; et, en chimie, ces lois non encore découvertes de la dépendance des propriétés du composé relativement aux propriétés de ses éléments peuvent, réunies aux lois des éléments mêmes, fournir les prémisses à l'aide desquelles la science est destinée peut-être à devenir un jour déductive. [...]

ÉMERGENCE, INDUCTION ET EMPIRISME

Introduction

Économiste et politologue, souvent aussi présenté comme moraliste, féministe et même écologiste, John Stuart Mill (1806-1873) est considéré comme l'un des philosophes anglo-saxons les plus influents du XIXᵉ siècle. Parmi les multiples facettes de son œuvre qui ont contribué à sa notoriété, comme par exemple sa défense du libéralisme politique et de l'utilitarisme, la plus directement pertinente pour la problématique de l'émergence consiste en sa position empiriste telle qu'elle transparaît notamment dans son œuvre de 1843, *A System of Logic*, dont est issu l'extrait autour duquel s'articule le présent commentaire.

L'extrait en question s'insère dans cette œuvre majeure en tant que la section d'un livre – le troisième sur les six que l'œuvre comprend – dédié à la thématique générale de l'induction. Un tel contexte peut sembler de prime abord surprenant. Cependant, il s'avère que le rôle joué par l'émergence – ou, plus précisément, par la notion d'« effet hétéropathique » – dans l'édifice empiriste de Mill est loin d'être anodin. Comme nous allons le voir, c'est en réalité l'existence même d'effets hétéropathiques qui signe en effet la nécessité pour l'homme, en tant que sujet connaissant, de recourir inexorablement, bon gré mal gré, à cette modalité d'inférence faillible qu'est l'induction. À cet égard, l'émergence se révèle un outil philosophique à l'aune duquel une conception purement déductiviste de la science peut être contestée.

Effets homopathiques et hétéropathiques

Comme le lecteur a pu s'en rendre compte, l'extrait choisi est l'occasion pour Mill d'opérer une distinction entre deux modes distincts de composition des causes et, corrélativement, des lois, à savoir le mode « hétéropathique » et celui que l'on nomme généralement aujourd'hui, par contraste, le mode « homopathique ». Ce dernier, affirme Mill, est de loin le plus général et le plus répandu. Des causes concourantes se composent selon celui-ci lorsque leur effet combiné se révèle identique à la simple somme des effets particuliers que chacune des causes concourantes auraient produits en isolation. En les termes nomologiques correspondants, des lois de la nature interfèrent de manière homopathique lorsque ces lois demeurent inchangées à l'occasion d'une telle interférence. Elles continuent à agir, combinées, de la manière dont elles agissaient alors séparément. À l'inverse et plus rarement, des causes peuvent se composer de manière hétéropathique, ce qui se produit lorsque leur effet conjoint s'avère différent de la somme des effets particuliers que chacune des causes concourantes aurait produit si elle avait agit indépendamment des autres. Incidemment, dans ce second cas de figure, les lois qui régissent le comportement de telles causes sont altérées ou cessent d'agir et laissent place, le cas échéant, à l'action de nouvelles lois.

Un exemple typique du premier cas de figure, le cas homopathique, se cristallise dans la deuxième loi de Newton exprimant la proportionnalité entre l'intensité des forces externes agissant sur un mobile de masse m et l'accélération résultante de ce mobile ($\mathbf{F} = \mathbf{m}a$). En vertu de la loi d'addition des vecteurs, l'accélération totale du mobile – ici l'effet homopathique complexe – est en effet identique à la somme des accélérations partielles – les effets simples – suscitées par chacune des forces externes – leurs causes simples – agissant sur le mobile. Comme l'affirme Mill, une telle modalité de composition causale s'accompagne d'un mode particulier et correspondant d'interférence des lois qui régissent l'action de ces causes. Dans le cas mécanique envisagé ici, on dira ainsi que la loi qui régit l'action des forces externes sur un mobile n'est pas altérée lorsque ces forces agissent en isolation ou de concert. La loi du mouvement Newton est ainsi formellement insensible au nombre et à la nature exacte des forces qui figurent dans le premier membre de son expression mathématique.

Comme le souligne Mill, les réactions chimiques peuvent constituer des contre-exemples à ce premier mode de composition causale et nomologique. Si on considère par exemple que la composition de dioxygène et de dihydrogène produit de l'eau – selon le schéma « $O_2 + 2H_2 \rightarrow 2H_2O$ » –, force est de constater que le produit H_2O de la réaction – ici l'effet hétéropathique complexe – n'est pas identique, dans chacune de ses facettes, à la somme des effets simples provoqués par les causes O_2 et $2H_2$ en isolation. En effet, la composition de deux causes gazeuses ne produit pas ici une substance « doublement gazeuse », mais bien, en l'occurrence, une

substance liquide (dans les mêmes conditions standard)[1].
À cet égard et à la suite de Mill, on dira aussi que, à
l'occasion d'une combinaison hétéropathique, les lois
qui régissent le comportement des causes initialement
isolées s'altèrent – voir cessent – pour laisser place à
d'autres lois régissant l'effet de l'action conjointe de ces
causes.

La distinction entre modes de composition
homopathique et hétéropathique des causes et des lois
s'avère primordiale aux yeux de Mill. Elle constitue,
de son propre aveu, « une distinction fondamentale
dans l'ordre de la nature ». La raison en est, comme
nous l'indiquerons plus loin, qu'elle autorise à opérer
une partition dans les sciences à l'aune de laquelle peut
prendre corps une conception empiriste et faillibiliste de
la connaissance.

Vers un premier concept d'émergence

Avant d'en arriver là, il est utile d'opérer le lien à
la fois historique et conceptuel qui permet de saisir
l'importance que revêt la distinction de Mill pour une
première thématisation de l'émergence. Ce n'est qu'à

---

1. Comme on le verra, certaines autres facettes du produit de la
réaction peuvent être exprimées comme la somme des effets simples
suscités par les causes isolées. Pour reprendre une illustration de Mill,
le poids de l'eau serait en effet identique à la somme des poids des
composants dioxygène et dihydrogène. Il en résulte que les modes
homopathique et hétéropathique de composition causale peuvent
coexister à l'occasion d'un même processus. Par ailleurs, afin de ne
pas ajouter ici de difficultés inutiles, nous laissons volontairement de
côté les exemples de Mill qui ressortissent à des qualités secondaires,
comme « la saveur du sel de plomb » ou « la couleur de la couperose
bleue », qualités qui ne prennent sens qu'au travers de la relation à un
agent cognitif.

l'aune d'un tel lien qu'une formulation explicite de ce qui constitue la première caractérisation historique de l'émergence peut s'opérer.

C'est en réalité en 1875 que le philosophe et critique littéraire anglais George Henry Lewes introduit le terme technique d'« émergence » dans l'arsenal philosophique, et ce à l'occasion d'une étude de la composition des causes au sein de laquelle est avancée la distinction entre des effets que le philosophe nomme « émergents » et « résultants »[1]. Depuis lors, il est communément admis qu'une telle distinction recouvre exactement celle, préalable, entre effets hétéropathiques et homopathiques de Mill. Si la contribution de Lewes à l'histoire de l'émergentisme se limite à peu près à cette simple variation terminologique, il est important de ne pas minimiser l'impact d'une telle variation sur l'évolution subséquente de la pensée émergentiste. À l'inverse de la distinction de Mill qui se révèle, d'un point de vue stylistique, assez rébarbative, la terminologie préférée par Lewes a en effet le mérite de mieux capturer l'intuition. D'une part, il y a un sens à affirmer qu'un effet homopathique « résulte » des effets simples causés isolément, en cela qu'il n'est que le résultat attendu et sans surprise de leur simple addition. L'emploi du terme « résultant » est d'ailleurs congruent avec l'usage qui en est fait dans les sciences comme la mécanique, où il est en effet coutume de nommer « force résultante » l'addition (vectorielle) des forces externes agissant sur un mobile donné. D'autre part, affirmer qu'un effet hétéropathique « émerge » des effets simples causés isolément traduit assez naturellement l'idée selon laquelle cet effet « fait davantage que d'en

1. *Cf.* G. H. Lewes, *Problems of Life and Mind, op. cit.*

résulter », ou qu'il n'en est pas simplement, comme on pourrait erronément s'y attendre, la simple somme. L'idée implicitement suggérée ici, en cohérence avec l'étymologie même du terme d'émergence, consiste en cela que quelque chose de neuf ou d'inattendu advient dans le processus hétéropathique de composition causale, en sus et au-delà de la simple résultance.

Ceci étant, l'extrait de l'œuvre de Mill contient les ingrédients nécessaires à la formulation d'une caractérisation particulière de l'émergence. Une telle caractérisation peut être proposée sur le modèle de celles qui ont été établies dans la première partie de cette étude, c'est-à-dire, en tant que la conjonction d'une thèse de dépendance et d'une thèse de nouveauté. Dans le sillage de Mill, on dira ainsi qu'un effet E émerge d'une base d'effets B_i aussitôt que :

(Dépendance) E est causé par une combinaison de C_i dont chacun des B_i serait l'effet isolé.

(Nouveauté)   La relation de dépendance entre B_i et E n'est pas additive.

Justifions à présent une telle reconstruction en les termes du couple de thèses de dépendance et de nouveauté. D'une part, s'il est vrai que la relation de dépendance entre B_i et E n'est pas directe et tangible – elle n'est par exemple pas une relation de détermination[1] –, il n'en demeure pas moins que E dépend de B_i, au sens où toutes modifications de B_i entraineraient inexorablement une modification de E (mais non l'inverse). À cet égard, la corrélation existant entre E et B_i peut être capturée par l'entremise de la relation de

---

1. Ceci est rendu manifeste par l'usage du conditionnel dans la formulation de la thèse de dépendance, indiquant que, à l'occasion de l'émergence de E, l'existence des B_i isolés est contrefactuelle.

survenance brute (voir chapitres III et IV). D'autre part, l'idée selon laquelle E consiste en un effet « nouveau » au regard des B_i provient du fait que, selon Mill, la nature non additive de la relation de dépendance entre B_i et E rend E « hétérogène » à chacun des B_i.

Maintenant, il est une observation qui peut nous permettre de ressaisir cette caractérisation de l'émergence en des termes plus usuels et plus congruents avec ceux employés dans la première partie de cette étude. Si on remarque en effet que les exemples d'effets émergents avancés par Mill consistent en réalité systématiquement en des *propriétés* de systèmes composés, alors la caracté-risation de l'émergence de Mill proposée ci-dessus peut être légèrement amendée pour accommoder cette préférence quant aux *relata* de l'émergence. On dira ainsi qu'une propriété E de niveau supérieur (au sens introduit dans le chapitre II) émerge d'un ensemble B_i de propriétés de niveau inférieur – et ultimement physique – lorsque :

(Dépendance)	E survient de manière brute sur B_i; et malgré cela,
(Nouveauté)	La relation de dépendance entre B_i et E n'est pas additive [1].

---

1. Cette modification des unités de l'émergence, depuis les effets originels vers les propriétés de systèmes composés, est assez naturelle et répandue. Néanmoins, il est bon de remarquer qu'elle n'est en réalité pas complètement anodine, dans la mesure où elle élimine l'aspect dynamique et diachronique inhérent à la relation de cause à effet, pour ne focaliser l'attention que sur la relation synchronique de survenance entre propriétés de niveaux différents. Il est probable qu'une telle reformulation soit ainsi à la source du fait que la plupart des débats subséquents relatifs à l'émergence se soient presque exclusivement articulés autour de la déclinaison synchronique de la notion. Notons par ailleurs qu'un tel biais envers une conception purement synchronique de l'émergence sera aussi adopté, à l'occasion de notre second commen-taire, à l'égard de l'émergentisme de Morgan qui, pourtant, témoigne également d'une composante diachronique.

On le voit, cette première mouture de l'émergence issue de l'œuvre de Mill constitue une interprétation littérale de la maxime classique de l'émergence : « Le tout est plus que la somme des parties », ici appliquée à la notion d'effet ou de propriété. Bien sûr, le concept de somme est à considérer à l'aune d'une conception généralisée de l'addition, et non seulement dans le sens de l'addition scalaire des nombres réels [1]. Cette première version de l'émergence contient aussi déjà en gestation bon nombre de thèmes qui resteront récurrents dans l'histoire subséquente de la pensée émergentiste. Parmi ceux-ci, on peut noter par exemple l'idée de nouveauté qualitative, condition en réalité suffisante mais non nécessaire à l'émergence de Mill, qui découle du fait que l'addition consiste en une procédure d'adjonction de deux grandeurs d'un genre G définissant de manière univoque une somme d'un même genre G (de telle manière qu'il est garanti qu'aussitôt qu'une propriété se révèle d'un genre G' différent de sa base de genre G, elle ne peut en découler de manière additive). L'addition étant aussi une opération linéaire [2], on peut toujours retrouver la trace de propriétés résultantes dans leurs bases de résultance. En conséquence, l'impossibilité d'identifier une telle trace est automatiquement signe d'émergence. De là, il n'y a qu'un pas à faire pour considérer que la nature inattendue

1. Dans le cas de la mécanique newtonienne évoqué plus haut, l'addition en question est par exemple vectorielle. D'autres formes d'addition peuvent être envisagées, comme celles des ensembles, des fonctions, des tenseurs, *etc.*

2. C'est-à-dire que multiplier chacun des termes d'une somme par un nombre réel revient à multiplier cette somme elle-même par ce nombre réel. Il s'ensuit qu'il existe une relation de proportionnalité directe entre les termes et la somme (par exemple, si on double les termes, on double la somme).

ou imprédictible d'une propriété est aussi la marque de son émergence. Ce dernier thème sera, nous le verrons, l'une des pierres de touche de la deuxième caractérisation historique de l'émergence, à savoir celle proposée dans le contexte de la philosophie évolutionniste de Lloyd Morgan.

Avant de conclure ce commentaire du texte de Mill par une réflexion sur les rapports entre émergence, induction et empirisme, il nous reste à nous poser la question suivante : de quel type d'émergence l'émergence comme non-additivité de Mill est-elle une variété ? Plus particulièrement, l'émergence de Mill constitue-t-elle une déclinaison d'émergence épistémologique ou ontologique (au sens identifié et défini au cours des chapitres II et IV) ?

Répondre à ces questions nécessite d'être au clair sur la nature exacte de la dépendance et de la nouveauté en jeu dans la caractérisation de l'émergence comme non-additivité que nous venons de formuler. À ce dernier égard, l'exégèse des écrits de Mill s'avère assez difficile, et laisse en réalité libre cours à de multiples interprétations. Dans le présent commentaire, nous soutenons toutefois l'hypothèse selon laquelle l'émergence de Mill constitue une déclinaison ontologique de la notion, c'est-à-dire que les idées de dépendance et de nouveauté qui la sous-tendent peuvent être saisies à l'aune des notions de survenance brute et de causalité descendante (voir chapitre IV), d'où il s'ensuit par ailleurs que l'émergence de Mill capture une conjonction entre physicalisme des substances, antiréductionnisme des propriétés et (donc) antiréductionnisme des prédicats (voir chapitre II).

Justifions à présent cette hypothèse en un double mouvement. D'une part, la dépendance en jeu dans l'émergence de Mill peut être considérée comme brute ou fondamentale, et cela pour deux raisons. D'abord, il est suggéré que les propriétés émergentes de Mill *dépendent* de, ou sont *corrélées* à, leurs bases d'émergence sans pour autant être *composées* de, ou *déterminées* par ces bases d'émergence. Un tel fait trouve ultimement sa source dans l'idée qui semble être celle de Mill selon laquelle toute véritable relation de composition se doit d'être additive. Ensuite, la relation de dépendance entre les émergents et leurs bases ne semble pouvoir être connue *que* par l'expérience directe ; elle s'avère en principe inaccessible sur la seule base d'une connaissance complète des bases d'émergence. C'est en l'occurrence à ce dernier égard que les lois des sciences spéciales régissant le comportement des propriétés émergentes ne peuvent être déduites au départ des lois de la mécanique, un point que nous abordons plus en détail dans la section suivante. D'autre part, la nouveauté en jeu dans l'émergence de Mill peut être interprétée comme associée à une certaine forme de causalité descendante. S'il est vrai que Mill lui-même ne parle jamais directement en termes d'action causale des propriétés émergentes (ou des effets hétéropathiques) sur leurs bases, la manière dont il caractérise le mode d'interférence ou de conflit entre les lois régissant le comportement des émergents et celles gouvernant le comportement de leurs bases laisse peu de doute à cet égard. Les lois des niveaux émergents sont en effet présentées comme « faisant cesser », « contrecarrant » ou « suspendant » l'action des lois de niveau inférieur, ce qui indique assez explicitement que l'advenue au monde d'émergents s'accompagne de l'advenue de forces configurationnelles à même d'influencer l'évolution du monde physique [1].

Sciences déductives et inductives

Si toutes les propriétés naturelles s'avéraient résultantes, la science étudiant ces propriétés naturelles pourrait être toute entière organisée en un unique système de lois clos par déduction. Toutes les lois de la nature (connues ou encore à établir) se révéleraient logiquement déductibles, à titre de théorèmes, au départ d'un ensemble restreint de lois jouant le rôle d'axiomes. Dans un tel contexte, et mis à part notre mode d'accès particulier à la connaissance de ces axiomes, notre mode d'accès aux lois du monde naturel pourrait ne se faire en principe qu'à la lumière de cette modalité d'inférence particulière qu'est la déduction.

Néanmoins, si, comme Mill l'affirme, certaines propriétés naturelles se révèlent émergentes, c'est-à-dire, s'il arrive parfois que certaines causes se composent de manière hétéropathique plutôt qu'homopathique, alors l'image d'une science intégralement déductiviste peut être mise en doute. L'existence d'émergents au sens de Mill place ainsi une contrainte importante quant à notre manière de connaître scientifiquement le monde naturel et ses lois, au moins au niveau de ces sciences, comme la chimie ou la biologie, qui font des propriétés émergentes leur principal objet d'étude. Les lois chimiques ou biologiques qui régissent des propriétés émergentes n'étant en effet par principe pas déductibles au départ

---

1. Que l'émergence de Mill s'associe nécessairement à l'existence de forces configurationnelles est par exemple défendu dans B. McLaughlin, « The Rise and Fall of British Emergentism », art. cit.

des lois qui régissent les bases d'émergence de ces propriétés – ultimement les lois physiques (ou, comme Mill le dirait, les lois « mécaniques ») –, il est nécessaire pour le chimiste ou le biologiste de mobiliser un mode d'inférence alternatif à la déduction pour pouvoir rendre compte de ces lois chimiques ou biologiques. Mill nous l'indique dans l'extrait choisi : ce mode d'accès alternatif à la connaissance des lois du monde consiste en l'induction[1].

On le voit donc, c'est l'existence même d'émergents qui conduit Mill à concevoir la science d'une manière non exclusivement déductiviste. Ces lois particulières qui adviennent au monde à l'occasion d'émergences ne peuvent en effet, à défaut d'être dérivables à partir de lois sous-jacentes, qu'être induites sur base des expériences répétées des comportements qu'elles régissent. Cependant, rien n'empêche ces nouvelles lois de se composer par suite entre elles de manière homopathique pour générer d'autres lois, alors résultantes, qui en découlent déductivement. Cette possibilité de combinaison homopathique de lois elles-mêmes hétéropathiques est ce qui conduit Mill à affirmer que chaque science spéciale, à l'instar de la chimie ou de la biologie, peut elle-même constituer un système de lois clos par déduction, alors même que ce système dans son ensemble se révèle non déductible au départ des lois de la physique sous-jacente. Bien plus, selon Mill, il n'y a pas lieu de désespérer d'ériger la science entière en un système de

---

1. À l'inverse de la déduction, l'induction est un type d'inférence faillible qui consiste, en substance, à inférer une loi générale au départ d'un ensemble fini d'énoncés d'observation particuliers. À cet égard, l'induction ne peut prendre pied qu'au départ d'un contact expérientiel premier – et si possible répété – avec le monde.

lois clos par déduction, pour autant que figurent à titre d'axiomes, outre ceux de la physique, *toutes* les lois qui capturent la dépendance entre chacun des émergents du monde et sa base d'émergence correspondante (pour autant bien sûr que de telles lois existent). Toutefois, ces lois n'étant connaissables *que* par induction, la conception (pseudo-)déductiviste de la science qui en découle se révèle « amoindrie » ou faillible, dans la mesure où certains des axiomes mêmes qui lui servent de fondement ne peuvent être établis que sur la base de contacts expérientiels, si possible répétés, avec le monde naturel.

Il résulte de tout ceci que l'émergence constitue un ingrédient essentiel à l'attitude empiriste que Mill adopte à l'égard de notre connaissance du monde naturel. L'émergence est en effet ce en vertu de quoi l'expérience se révèle une étape obligée pour connaître le monde, et cela quand bien même les axiomes ultimes de la réalité – ceux de la physique – se révéleraient innés ou appréhendables par une pure intuition.

TEXTE 2

Conwy Lloyd Morgan
Émergents et résultants[1]

Nous vivons dans un monde qui apparaît comme traversé par une séquence ordonnée d'événements. Il est du rôle de la science, ainsi que de la philosophie en contact avec la science, de décrire le cours des événements en telle ou telle instance de leur apparition, et de découvrir le plan d'où ces événements procèdent. L'évolution, au sens large du terme, est le nom que nous donnons au plan global de la séquence de tous les événements naturels.

Mais la séquence ordonnée, saisie historiquement, apparaît comme présenter, de temps à autres, un élément véritablement nouveau. Sous l'appellation d'« évolution émergente », une emphase est placée sur cet avènement du nouveau. Des illustrations frappantes consistent en l'avènement de la vie, en l'avènement de l'esprit et en l'avènement de la pensée réflexive. Mais, au sein du monde physique, l'émergence n'en est pas moins également exemplifiée dans l'avènement de chaque nouveau type d'atome et dans celui de chaque nouveau type de molécule. Énumérer toutes les instances

---

1. C. L. Morgan, *Emergent Evolution*, Londres, Williams & Norgate, 1923, p. 1-9. Ma traduction.

d'émergence s'avère en réalité au-delà de l'intelligence humaine. Mais lorsque rien de neuf n'émerge – lorsque tout ce qui existe ne consiste qu'en le regroupement d'événements pré-existants *et rien de plus* –, alors il n'y a pas d'évolution émergente.

La revendication naturaliste est que, à l'évidence, non seulement les atomes et les molécules, mais aussi les organismes et les esprits sont susceptibles d'être abordés à l'aune de méthodes scientifiques d'un genre fondamentalement similaire ; que tous font partie d'un même tissus événementiel ; et que tous exemplifient un même plan fondationnel. En d'autres termes, la position est que, au regard d'une philosophie fondée sur la procédure sanctionnée par le progrès de la recherche et de la pensée scientifique, l'advenue au monde de toute forme de nouveauté se doit d'être fidèlement acceptée partout où elle est découverte, et cela sans recourir à un quelconque Pouvoir extra-naturel (Force, Entéléchie, Élan, ou Dieu) au travers de l'activité efficace duquel les faits observés pourraient être expliqués. […]

Le concept d'émergence a été abordé […] par J. S. Mill […] à l'occasion de la discussion, relative à la causalité, des « lois hétéropathiques ». Le terme d'« émergent », en tant que contraire de « résultant », a quant à lui été suggéré par G. H. Lewes […]. Ces deux philosophes illustrent leur propos sur base d'exemples issus de la chimie et de la physiologie ; tous deux parlent de propriétés ; tous deux distinguent ces propriétés (a) qui s'avèrent seulement additives ou soustractives, ainsi que prédictibles, de celles (b) qui se révèlent nouvelles et imprédictibles ; et tous deux insistent quant au fait que les dernières, pas moins que les premières, répondent du registre de la causalité uniforme. Un exemple simple et familier doit suffire à l'illustrer. Lorsque le carbone, ayant certaines propriétés, se combine avec le soufre, ayant d'autres propriétés, ce n'est pas un simple agrégat mais un nouveau composé qui se forme, composé dont certaines propriétés se révèlent bien différentes de celles de chacun des composants. Il se fait que le poids du composé a le statut de résultant additif; il est la somme des poids des composants; et aurait pu être prédit avant qu'aucune molécule de sulfure de carbone ne soit formée. Il aurait pu être affirmé à l'avance que, dans l'éventualité où du carbone et du soufre venaient à se combiner dans de quelconques proportions vérifiables, le composé résultant aurait eu tel ou tel poids. Toutefois, d'autres propriétés diverses consistent en des émergents constitutifs qui (cela est affirmé) n'auraient pu être anticipés avant qu'une telle combinaison ne soit formée. Bien sûr, lorsque l'on a pris connaissance de ce qui émerge à l'occasion de *cette* instance particulière, la prédiction de ce qui émergera à l'occasion d'instances similaires à *celle-ci*, dans des conditions analogues, devient possible. Un pan du plan naturel de l'évolution émergente a été découvert. [...]

Lewes affirme que l'on ne peut prendre connaissance de la nature des propriétés émergentes que par le biais de l'expérience de leur manifestation; d'où il découle que de telles propriétés sont imprédictibles avant une telle expérience. Cela étant, il peut être défendu que cela vaut pour toutes propriétés, aussi bien résultantes qu'émergentes. Ce n'est seulement qu'en tant que fruit de l'expérience que celles-ci peuvent faire l'objet de prédictions. En un sens, cela est dans la nature des choses. Ce qui doit néanmoins être souligné est ceci : Supposons que A, B et C soient trois niveaux successifs d'événements naturels. Supposons aussi qu'existe en B un *type de relation* qui n'est pas présent en A ; et en C un type de relation encore présent ni en B ni en A. Si maintenant on en vient à vivre dans et faire l'expérience du niveau B, on ne serait pas en mesure de prédire les propriétés émergentes du niveau C, étant donné le fait que les relations dont ces propriétés sont l'expression ne sont pas encore dans l'existence. De la même manière, on ne pourrait prédire les propriétés émergentes d'événements du niveau B depuis le niveau A, dans la mesure où, *ex hypothesi, de tels événements n'existent pas* encore. Il est dès lors défendu que ce qui ne peut être prédit consiste en l'expression émergente d'un nouveau genre de relationnalité [1] entre événements préexistants. Sur la base unique de la plus complète des connaissances possibles d'événements physico-chimiques, il serait impossible de prédire les propriétés émergentes d'événements vitaux, aussitôt que la vie consisterait en un accord émergent, et non simplement résultant, de la sommation, aussi complexe soit-elle, de notes constituantes de niveau A. Telle est l'hypothèse de l'évolution émergente. […]

Il est à peu près certain que la conception de la nature que je développe sera jugée, dans certains cercles, comme mécanique et de parts en parts viciée par l'acceptation irréfléchie de ce à quoi l'on réfère parfois par l'expression de « dogme mécaniste ». Ceci est surprenant dans la mesure où la doctrine de l'émergence dans son ensemble consiste en une indéfectible protestation contre la conception mécanique, et constitue l'antithèse même du mécanisme. L'évolution émergente ne conçoit pas la vie en des termes physiques et chimiques. Elle ne conçoit

---

1. Ce néologisme consiste en la traduction désormais usuelle de l'expression anglaise de « *relatedness* » [N.D.T.].

pas l'esprit en les termes de réseaux de récepteurs et de circuits neuronaux. Envisager autrement l'évolution émergente revient à en mécomprendre complètement la prétention.

Ceci étant, il incombe de préciser d'une certaine manière ce qui est ici considéré comme la pierre de touche du mécanisme. Je le caractériserais ainsi : le trait essentiel d'une conception mécanique – ou, si l'on préfère, mécaniste – est qu'elle se pense uniquement en termes d'effets résultants, calculables par sommation algébrique. Elle ignore le [«] quelque chose de plus [»] que l'on doit admettre à titre d'émergent. Elle conçoit un composé chimique comme n'étant qu'un agrégat mécanique plus complexe, dénué de tout nouveau genre de relationnalité entre ses composants. Elle conçoit la vie comme le regroupement d'événements physico-chimiques sans qu'aucun nouveau genre de relationnalité ne soit exprimé en une intégration qui semble pourtant, à l'évidence, constituer la marque d'un nouveau point de départ dans la succession des événements naturels. À l'encontre d'une *telle* conception mécanique – d'un *tel* dogme mécaniste –, l'évolution émergente s'inscrit en faux. L'essence de son message est qu'une telle conception s'avère incomplète. Si les résultants existent bel et bien, il en va de même pour les émergents. Sous l'éclairage naturaliste, l'émergence, dans tous ses degrés ascendants, est fidèlement acceptée, à l'évidence, avec une piété naturelle. Qu'elle ne puisse être exclusivement conçue de manière mécanique en termes de résultants consiste précisément en la thèse que nous nous faisons l'objectif d'affirmer avec une insistance répétée. Cela étant, qu'elle ne puisse aussi être expliquée que par l'entremise de quelque force chimique, quelque élan vital, quelque entéléchie, en un sens extra-naturel, nous apparaît relever d'une métaphysique contestable. Il se peut que nous ayons simplement à accepter les nouveaux faits qui se donnent à nous – *tous* les faits tels que nous les découvrons – à l'aune de cette attitude ouvertement agnostique propre à la science. Ou il se peut qu'une explication philosophique ultime, complémentaire au récit scientifique, soit à trouver dans la reconnaissance de Dieu. Telle est la position que je vais m'atteler à défendre.

COMMENTAIRE

L'ÉVOLUTIONNISME ÉMERGENT

Introduction

L'extrait ici commenté constitue l'ouverture même de l'*opus magnum* de Lloyd Morgan, *Emergent Evolution*, publié en 1923 au départ du texte des *Gifford Lectures* professées à Saint-Andrews entre 1921 et 1922. L'ouvrage est historiquement considéré comme fondateur de cette école philosophique particulière qu'est l'« évolutionnisme émergent » et, par extension, de la première véritable école émergentiste, parfois aussi appelée « émergentisme britannique » ou encore « émergentisme classique »[1].

De l'aveu de son auteur, l'ouvrage consiste dans son ensemble en le fruit de réflexions ayant été initiées par

1. Bien que l'ouvrage émergentiste de Samuel Alexander, *Space, Time, and Deity*, ait été publié en 1920 sur base des *Gifford Lectures* données à Glasgow entre 1916 et 1918, on considère généralement Morgan comme le véritable instigateur du mouvement, notamment en vertu du fait qu'il fut le premier à récupérer et systématiser le concept d'émergence issu des travaux de Mill et Lewes. Un premier usage du concept peut en effet être retrouvé dans sa *Spencer's Philosophy of Science* parue dès 1913. Avant cela, Morgan emploie déjà l'idée d'émergence, mais sans le mot lui-même, auquel il lui préfère l'expression de « synthèse sélective ».

la confrontation des idées du jeune Morgan avec celles
de celui qui fut brièvement son mentor, Thomas Henry
Huxley. Ce dernier, pourtant ardent défenseur de la théorie
darwinienne de l'évolution des espèces par sélection
naturelle, estimait problématique un aspect particulier de
cette théorie, à savoir son gradualisme assumé (c'est-à-
dire, l'idée selon laquelle les transformations du vivant
s'opèrent continûment, par la lente accumulation, sur
de très longues périodes, de modifications quantitatives
infinitésimales), au point de se constituer en défenseur
d'une conception antagoniste, dite « saltationniste », de
l'évolution biologique (en vertu de laquelle certaines
transformations du vivant résultent plutôt de brusques
discontinuités ou « saltations »)[1]. C'est originairement
au sein d'une telle opposition quant à la nature continue
ou discontinue de l'évolution que s'est progressivement
constituée la pensée morganienne de l'émergence. Plus
particulièrement, le projet philosophique de celui qui fut
éthologue et psychologue avant de se révéler philosophe
s'est essentiellement construit au départ du double
refus du gradualisme darwinien *et* du saltationnisme
huxleyien, dans l'esprit d'une conception intermédiaire

1. À cet égard, Huxley affirme par exemple ceci : « Nous pensons
que la position de Mr. Darwin aurait pu être bien plus forte qu'elle
ne l'est si celui-ci ne s'était pas embarrassé de l'aphorisme '*Natura
non facit saltum* '[la nature ne fait pas de saut], qui apparaît si souvent
dans ses pages. Comme nous l'avons affirmé précédemment, nous
croyons que la Nature fait bel et bien des sauts de temps à autre, et
que la reconnaissance de cet état de fait s'avère cruciale afin d'écarter
de nombreuses objections mineures à l'encontre de la doctrine de la
transmutation ». *Cf.* T. H. Huxley, « The Origin of Species », *in* T.
H. Huxley (dir.), *Darwiniana. Essays* (p. 22-79), Londres, MacMillan
and Co, 1893. Ma traduction. Le texte en question fut initialement
publié dans le *London Times* en 1860, soit l'année suivant la publication
de l'*Origine des espèces*.

ou médiatrice, ni purement continue ni simplement discontinue, de l'évolution[1].

Un tel double refus se retrouve motivé au regard des écueils auxquels les positions refusées ne manquent pas de conduire. D'une part, selon Morgan, le gradualisme de Darwin conduit inexorablement au réductionnisme radical (ou, pour employer le vocabulaire de l'extrait choisi, au « mécanisme », qui ne pense les propriétés naturelles supérieures qu'en termes de résultante). À cet égard, l'évolution darwinienne ne peut rendre compte adéquatement de la diversité qualitative apparente et actuelle du monde naturel. Elle ne peut par exemple rencontrer l'intuition forte selon laquelle l'esprit humain se révèle qualitativement différent de celui de l'animal. Bien plus, elle ne peut rendre compte de l'apparition de l'esprit animal au départ d'un vivant simplement dénué d'esprit. Selon Morgan, tenter de capturer le processus historique de génération de l'esprit au travers du prisme d'une évolution purement gradualiste – qui ne pense la transformation qu'en termes de variations de degrés et non de genre – ne peut que conduire à nier l'authenticité ontologique de l'esprit[2]. D'autre part,

1. Notons d'emblée que même si l'évolutionnisme émergent s'est clairement constitué avec comme point d'appui particulier l'évolution *biologique*, la conception de l'évolution que le mouvement développe est plus générale, en cela qu'elle ressortit à la séquence ordonnée de *tous* les événements naturels.

2. En témoignerait par exemple l'affirmation selon laquelle « la pensée, aussi inintelligible qu'elle puisse être, apparaît autant être une fonction organique que la bile est une fonction du foie ». C. Darwin, « Old and Useless Notes », 1837, p. 34 ; cité dans D. Blitz, « Emergent Evolution and the Level Structure of Reality », *in* P. Weingartner et G. J. Dorn (dir.), *Studies on Mario Bunge's Treatise* (p. 153-169), Amsterdam, Rodopi, 1990. Ma traduction.

concevoir l'avènement historique de l'esprit – pour conserver ici l'illustration choisie – au travers du prisme d'une évolution purement saltationniste permet certes de conférer une authenticité ontologique à l'esprit, mais cela ne peut s'opérer – toujours selon Morgan – qu'au dépend de l'exigence naturaliste que l'auteur fait sienne, selon laquelle atomes, organismes et esprits appartiennent à un unique tissus événementiel [1]. L'exemple paradigmatique d'évolution saltationniste, et donc, incidemment, dualiste et non naturaliste, que Morgan vise ici consiste en l'évolution créatrice de Bergson [2], conception de l'évolution ayant explicitement influencé la pensée de Morgan, mais dont ce dernier s'est aussi clairement distancié (en témoigne par exemple sa référence à l'« Élan » au sein de l'extrait choisi).

Ceci étant, on peut concevoir l'œuvre de Morgan comme le projet d'élaboration d'une pensée évolutionniste médiane entre évolution gradualiste darwinienne et évolution créatrice bergsonienne, combinant les exigences naturaliste et moniste de la première avec les potentialités d'advenue de nouveautés ontologiques authentiques de la seconde. C'est dans le contexte de l'élaboration d'une telle pensée de l'évolution que la notion d'émergence va se retrouvée convoquée en tant qu'outil philosophique.

1. En les termes de l'analyse conceptuelle menée dans la première partie de cet ouvrage, nous pouvons dire que Morgan embrasse un monisme (de type physicaliste) des substances, qui selon lui s'avère incompatible avec l'idée de pures saltations évolutives, pensées sur le mode de la déconnexion ontologique entre la base des saltations et le produit de telles saltations. Il apparaît que Morgan identifie un tel monisme à l'exigence naturaliste, ce qui, comme nous l'avons évoqué dans le chapitre II, n'est en réalité pas nécessaire.

2. *Cf.* H. Bergson, *L'Évolution créatrice*, Paris, Félix Alcan, 1907.

Un outil philosophique : l'émergence

Concevoir l'évolution cosmologique comme n'étant ni purement continue ni purement discontinue requiert de penser que certains processus de transformation – sur le modèle, par exemple, de la synthèse de l'eau au départ des réactifs dioxygène et dihydrogène – allient une certaine idée de dépendance (cela afin d'éviter l'écueil dualiste) et de nouveauté authentique (cela afin d'éviter l'écueil mécaniste). À cet égard, la relation d'émergence initialement thématisée par Mill et Lewes se révèle, aux yeux de Morgan, un candidat particulièrement prometteur. Dans le but de servir son projet philosophique, Morgan conçoit dès lors cette relation sur le modèle suivant (avec, d'une manière devenue maintenant familière au lecteur, les propriétés E et B_i dans les rôles respectifs de l'émergent et de la base d'émergence) :

(Dépendance) E dépend univoquement de B_i ; et malgré cela,

(Nouveauté) E est « authentiquement nouvelle » par rapport à B_i.

Si l'émergence ainsi comprise convient certainement à Morgan pour rencontrer son projet philosophique, il est important de reconnaître que, à ce stade, elle n'est jamais qu'un nom apposé sur la conciliation recherchée entre exigence moniste et antiréductionniste. En aucun cas, elle ne permet, en l'état, de comprendre comment une telle conciliation est possible ou même cohérente. À cet égard, deux questions se doivent d'être préalablement envisagées et surtout résolues par Morgan. Premièrement, que faut-il comprendre par l'expression de « nouveauté authentique » ? Et ensuite, comment reconnaître, dans le monde, des cas possibles d'une telle nouveauté ?

De manière heureuse, l'extrait choisi offre les ressources nécessaires pour comprendre la manière dont Morgan rencontre ces deux questions. D'une part, une propriété de niveau supérieur sera considérée comme « authentiquement nouvelle » par rapport à sa base sous-jacente – auquel cas d'ailleurs la première sera dite émerger de la seconde – aussitôt qu'elle constituera « l'expression d'un nouveau genre de relationnalité ». D'autre part, la marque distinctive de propriétés « authentiquement nouvelles » est que celles-ci se révèlent radicalement imprédictibles, c'est-à-dire imprédictibles en principe au départ d'une connaissance complète de leurs bases et des lois régissant le comportement de telles bases, et cela même aux yeux d'une intelligence laplacienne qui ne serait pas limitée en termes d'accès aux états des systèmes physiques ou en termes de puissance de calcul[1].

Avant d'aborder plus en détail la notion de relationnalité dans la section suivante, il est utile d'éclaircir la relation que l'émergence morganienne entretient avec la notion d'imprédictibilité, et cela au regard d'une distinction conceptuelle entre deux variétés possibles de prédiction. D'abord, on considérera la survenue de E à l'occasion de la survenue de B_i comme étant *inductivement* prédictible aussitôt qu'il aurait été possible en principe d'anticiper la survenue de E au départ d'une induction fondée sur les observations passées que E survient systématiquement

---

1. Ceci implique en particulier que l'imprédictibilité en jeu dans l'évolutionnisme émergent est plus radicale encore que celle qui ressortit aux systèmes chaotiques (et qui est liée à une limite de pouvoir computationnel) et celle qui ressortit aux systèmes quantiques à l'aune de certaines interprétations – dites déterministes – du formalisme quantique (et qui est liée à une limite d'accès cognitif aux états des systèmes physiques).

à l'occasion de la survenue de B_i. L'émergence morganienne étant, à l'instar de celle de Mill et Lewes, foncièrement déterministe – dans la mesure où la relation de dépendance de E sur B_i est voulue univoque et uniforme –, la prédictibilité inductive des émergents est garantie. Il y a donc un sens à affirmer, par exemple, que la liquidité de l'eau, bien qu'émergente aux yeux de Morgan, est aussi prédictible en un sens inductif. En effet, après avoir observé, de manière éventuellement répétée, le fait que la synthèse de dioxygène et de dihydrogène gazeux produit systématiquement de l'eau liquide, il se peut qu'un scientifique anticipe à juste titre le fait que, à nouveau, une telle synthèse produira à l'avenir de l'eau liquide. En contraste avec ce premier mode de prédiction, on considérera plutôt la survenue de E à l'occasion de la survenue de B_i comme étant *théoriquement* prédictible aussitôt qu'il aurait été possible d'anticiper la survenue de E au départ d'une connaissance théorique exclusive et complète de B_i (et des lois qui gouvernent B_i), et cela indépendamment de toute observation préalable de la survenue de E à l'occasion de celle de B_i. C'est uniquement à ce second égard – théorique mais non inductif – que les propriétés émergentes de Morgan se révèlent imprédictibles en principe. Selon Morgan, il est par exemple impossible, même pour une intelligence laplacienne, d'anticiper la nature liquide de l'eau au départ d'une connaissance complète de la nature du dioxygène et du dihydrogène (ainsi que des lois régissant leur comportement), sans avoir au préalable observé au moins une instance de synthèse d'eau (par exemple, avant qu'une telle synthèse n'ait eu lieu pour la première fois dans l'histoire de l'univers).

Il est possible que de telles considérations entrent en conflit avec certaines intuitions du lecteur, pour qui il peut sembler acquis qu'un système déterministe se révèle nécessairement théoriquement prédictible aux yeux d'une intelligence laplacienne (qui plus est non soumise aux limitations induites par de quelconques effets chaotiques ou quantiques). Nous résolvons ce possible conflit d'intuitions dans ce qui suit, à la lumière d'une explicitation préalable de la notion morganienne de relationnalité.

La relationnalité

Nous l'avons évoqué, la notion morganienne de relationnalité peut être mobilisée pour donner sens à l'idée selon laquelle les émergents se révèlent authentiquement nouveaux par rapport à leurs bases d'émergence. Lorsque Morgan affirme que « ce qui émerge à un niveau donné constitue une instance de ce que j'appelle un nouveau mode de relationnalité dont aucune instance n'existe aux niveaux inférieurs »[1], il capture en réalité l'idée selon laquelle l'émergence constitue l'occasion de l'advenue au monde, par combinaison d'entités (ultimement physiques) préexistantes, d'un nouveau *mode d'organisation* de ces entités[2]. Ce qui importe ici est que Morgan, loin de considérer le mode d'organisation des entités de base comme découlant de, ou n'étant que la manifestation des propriétés intrinsèques de ces entités de base, réifie

1. C. L. Morgan, *Emergent Evolution, op. cit.*, p. 15-16. Ma traduction.
2. Au-delà du terme de « relationnalité », la « *relatedness* » morganienne peut ainsi être traduite par l'expression plus courante d'« organisation » ou même de « forme ». *Cf.* par exemple R. W. Sellars, « L'Hypothèse de l'émergence », art. cit.

cette organisation en l'érigeant en un principe causal complémentaire et irréductible [1]. En l'occurrence, et c'est ici la pierre de touche de tout l'édifice de l'évolutionnisme morganien, ces nouveaux modes d'organisation des bases d'émergence sont considérés comme n'existant tout simplement pas, *même en puissance, en latence ou « implicitement »*, au sein de telles bases. Ils adviennent au monde de manière brute et fondamentale.

Il s'ensuit que les lois régissant la dépendance des émergents par rapport à leurs bases ne peuvent être conçues que comme des lois d'un genre spécial. Ces lois d'émergence sont en l'occurrence à considérer comme étant *sui generis*, brutes, ultimes ou fondamentales, dans le sens où elles rentrent brusquement dans l'existence à l'occasion de leur mise en action, lorsqu'une base s'organise de la manière unique et idoine afin qu'advienne son émergent correspondant. À cet égard, les lois d'émergence, en tant que fondamentales, ne sont par principe pas déductibles au départ de lois existant antérieurement à leur advenue au monde, ce comprenant

1. Le poids ontologique et causal de l'organisation peut par exemple être justifié au regard du phénomène chimique d'isomérie. Sont qualifiées d'isomères des molécules composées des mêmes atomes dans les mêmes proportions, et qui ne diffèrent que par l'organisation de ces atomes. Par exemple, le propanone (acétone) et le propanal sont deux molécules constituées de trois atomes de carbone, un atome d'oxygène et six atomes d'hydrogène. Ces molécules ne diffèrent que par l'agencement de ces atomes (respectivement : CH_3COCH_3 et CH_3CH_2CHO). Ces différences de structure ont pour corrélat d'importances différences de propriétés physiques, chimiques et biologiques. Exprimé autrement, ces molécules, bien que constituées des mêmes ingrédients physiques fondamentaux, se comportent différemment dans de nombreuses circonstances. Cet exemple est évoqué dans C. D. Broad, *The Mind and Its Place in Nature*, New York, Harcourt, Brace & Company, 1925.

les lois régissant le comportement des bases d'émergence correspondantes. Il ressortit ainsi à l'évolutionnisme émergent de considérer, contre une intuition peut être plus classique, que les lois fondamentales de l'univers n'ont pas toutes été données aux origines du monde, certaines attendant, en latence, les conditions appropriées pour se manifester. Au contraire, de telles lois, bien que fondamentales, sont advenues – et continueront d'advenir – ça et là au cours de l'évolution cosmologique, à chaque fois que les conditions requises, à savoir la survenue de certains modes de relationnalité, se retrouvent rencontrées.

Proposons un exemple pour tâcher de rendre ces dernières considérations plus concrètes. Tentons d'expliciter ce à quoi nous engagerait par exemple de considérer, à l'instar de Morgan, que la liquidité de l'eau émerge des propriétés des constituants sous-jacents de l'eau, à savoir le dioxygène et le dihydrogène. Exprimé autrement, tâchons d'identifier ce à quoi renvoie l'idée selon laquelle la synthèse de l'eau à partir des réactifs dioxygène et dihydrogène constitue une instance d'évolution émergente. Tout d'abord, le fait que l'eau soit liquide dépend univoquement des propriétés préexistantes du dioxygène et du dihydrogène. En d'autres termes, la synthèse de l'eau est un processus déterministe, ce qui fonde d'ailleurs notre confiance en la prédiction inductive selon laquelle les synthèses futures de dioxygène et de dihydrogène produiront aussi de l'eau. Dans la terminologie qui est celle de Morgan, nous dirons que la dépendance de l'eau sur ses composants constitue un « pan du plan naturel de l'évolution émergente ». Ensuite, malgré une telle dépendance qui nous pousse à considérer, en opposition à un quelconque dualisme substantialiste, que l'eau et ses composants participent d'un même « tissus événementiel », l'hypothèse d'évolution émergente nous conduit aussi à croire que l'eau, sous certaines de ces facettes comme la liquidité, est « authentiquement nouvelle » par rapport au dioxygène et au dihydrogène. Selon Morgan, ceci ressortit au fait que les propriétés de l'eau sont l'expression d'un nouveau mode d'organisation des composants dioxygène et dihydrogène, mode d'organisation qui n'existait pas, même à titre de potentialité, avant que la synthèse de l'eau n'ait été effectivement réalisée. Il s'ensuit que certaines propriétés de l'eau, comme sa liquidité, n'existent tout simplement pas, même en puissance, dans le dioxygène et le dihydrogène isolés (ou entrant dans d'autres combinaisons que celle produisant de l'eau). Corrélativement, la loi d'émergence qui régit la dépendance de l'eau sur ses composants est une loi fondamentale de l'univers, et s'avère non déductible au départ des lois existantes avant la synthèse, dont celles régissant le comportement du dioxygène et du dihydrogène isolés (ou entrant dans d'autres combinaisons que celle produisant de l'eau).

Ceci étant, nous sommes maintenant en mesure de dissoudre ce qui pouvait apparaître plus haut comme un conflit d'intuitions. À la lueur des considérations développées ci-dessus, il est en effet à présent envisageable que, malgré le déterminisme de l'évolution émergente, un démon laplacien ne puisse prédire (théoriquement) la survenue future d'émergents. Une telle possibilité se fonde dans la conjonction de deux faits. Premièrement et par définition, il existe nécessairement un certain délai temporel entre le moment t_1 où un démon laplacien formule une prédiction au regard d'un certain système déterministe et le moment (ultérieur) t_2 où cette prédiction se révèle exacte (ou inexacte). Deuxièmement, le système en question peut toujours présenter une émergence en un moment $t_é$ compris entre t_1 et t_2. Lorsque ceci ce produit, la connaissance parfaite que possède le démon de toutes les lois de l'univers existant au moment de formuler sa prédiction, soit en t_1, conjointement à la connaissance parfaite de l'état complet dans lequel l'univers se trouve au même instant, devient immédiatement obsolète en $t_é$ pour prédire l'état du système considéré à n'importe quel moment ultérieur à $t_é$, dont t_2. La raison en est qu'une connaissance parfaite de l'univers tel qu'il est en t_1 ne peut contenir la loi d'émergence $L_é$ qui fera brusquement irruption en $t_é$, et cela en vertu du fait qu'une telle loi est *sui generis* et fondamentale, ou qu'elle n'existait pas, même en puissance, avant $t_é$. Il en découle qu'elle ne peut par principe être déduite d'une connaissance des lois de l'univers existant avant $t_é$. Pourtant, la connaissance d'une telle loi d'émergence s'avère déterminante pour prédire l'état du système considéré en t_2. Il s'ensuit que la prédiction du démon est vouée à l'échec [1].

Il ressort de tout ceci que l'émergence ne peut permettre de rencontrer l'objectif morganien d'élaboration d'une philosophie de l'évolution cosmologique située à mi-chemin entre gradualisme darwinien et saltationnisme bergsonien, cela dans l'esprit d'un monisme

---

1. Notons que, de manière surprenante, l'évolutionnisme émergent pose une limite à l'omniscience du démon laplacien. Une telle omniscience se retrouve en effet indexée temporellement, dans la mesure où le démon laplacien ne peut connaître l'état de l'univers que jusqu'au temps présent, les lois à venir au cours de l'évolution émergente lui échappant par principe. Pour plus de détails sur ce sujet, le lecteur peut se référer à O. Sartenaer, « Pour mettre fin au mythe de Laplace », *Revue de métaphysique et de morale*, 94, 2017, p. 179-200.

antiréductionniste, que dans la mesure où elle s'adosse à une conception très forte, créatrice, du temps. Loin d'un prédéterminisme du « tout est donné aux origines », l'évolution émergente fait sienne l'idée selon laquelle des propriétés et des lois fondamentales en régissant le comportement font leur apparition de manière brute et *sui generis* à certaines étapes du processus évolutif.

Entre mécanisme et vitalisme

L'une des revendications de Morgan, d'ailleurs partagée par d'autres émergentistes participant de son mouvement, consiste en cela que la doctrine de l'évolution émergente autorise l'adoption d'une prise de position particulière dans le débat séculaire opposant mécanistes et vitalistes quant à la nature des rapports entre vie et matière. En particulier, la philosophie de l'émergence morganienne constituerait une option moyenne et conciliatrice entre la pensée d'une pure identité et celle d'une dichotomie métaphysique entre les domaines du vivant et de l'inerte. Afin de pouvoir évaluer la mesure dans laquelle une telle revendication fait sens, il est utile de se poser préalablement la question suivante, eu égard aux catégories distinguées dans le chapitre II : l'émergence morganienne consiste-t-elle en une variété épistémologique ou ontologique de la notion ?

Au regard de ce qui a été discuté dans le présent commentaire, il devrait être clair que l'émergence comme « nouveauté authentique » de Morgan est à considérer comme une variété ontologique de la notion, même si celle-ci s'accompagne, comme nous l'avons indiqué, d'effets épistémiques importants, comme l'imprédictibilité théorique aux yeux d'une intelligence laplacienne. Ceci peut être rendu manifeste de deux manières équivalentes. D'une part, l'évolutionnisme émergent de Morgan s'inscrit dans une conception moniste (de type physicaliste) à l'égard des substances, en cela que, nous l'avons vu, toutes les entités naturelles participent, au cours de l'évolution émergente, d'un même et unique tissus d'événements. En outre, ce physicalisme des substances se double d'un explicite antiréductionnisme des propriétés, lorsque l'on se rappelle que, chez Morgan, les propriétés émergentes de niveau supérieur n'existent pas, même en latence, dans leurs bases d'émergence, et qu'elles s'associent en outre à de nouveaux modes d'organisation donnant lieu à un régime irréductible de transaction causale avec le monde. D'autre part et de manière équivalente, l'émergence de Morgan peut être capturée au travers du prisme des relations discutées dans le chapitre IV que sont la survenance (brute) et la causalité descendante. Il est en effet clair que le déterminisme en jeu dans l'évolution émergente, en vertu duquel une même base d'émergence s'accompagne invariablement d'un même émergent (l'inverse n'étant pas garanti, en atteste par exemple le fait que d'autres composés que l'eau se révèlent liquides dans les mêmes conditions), indique que la relation d'émergence de Morgan s'aligne sur celle de la survenance. Qui plus est, une telle survenance est brute, dans la mesure où la loi qui en fonde le schème de covariation est elle-même brute et *sui generis*. C'est d'ailleurs à cet égard que la relation entre les émergents et leurs bases se doit d'être acceptée avec la « piété naturelle » d'Alexander que Morgan fait aussi explicitement sienne. Ensuite, même si Morgan ne parle jamais ouvertement en ces termes, on peut retrouver dans les écrits du philosophe les traces d'une idée de causalité descendante, par exemple lorsque ce dernier affirme que « lorsque quelque nouveau mode de relationnalité apparaît (disons, au niveau de la vie), le cours des événements physiques impliqués est différent en vertu de la présence d'un tel mode de relationnalité – différent de ce qu'il aurait été si la vie avait été absente »[1].

Comprendre l'idée selon laquelle la vie émerge de la matière au sens de l'émergence morganienne permet ainsi de prendre une position particulière intermédiaire dans le débat opposant vitalisme et mécanicisme, dans l'esprit d'un « vitalisme matérialiste » qui se cristallise dans l'affirmation d'Alexander selon laquelle « la vie est à la fois un complexe physico-chimique et n'est pas simplement physique et chimique »[2]. Un tel vitalisme matérialiste n'est pas sans rappeler l'hylémorphisme aristotélicien, dont les émergentistes classiques se revendiquent, à ceci près, bien sûr, qu'ils plongent un tel hylémorphisme dans une dimension évolutionniste où les formes, en particulier vivantes, cessent d'être conçues comme immuables et éternelles[3].

Dans une optique d'exhaustivité, si on considère maintenant que le courant organiciste, défendu notamment, du temps de Morgan, par Woodger[4],

1. C. L. Morgan, *Emergent Evolution, op. cit.*, p. 16. Ma traduction.
2. S. Alexander, *Space, Time, and Deity, op. cit.*, p. 46. Ma traduction.
3. Pour une défense de l'assimilation de l'aristotélisme à un émergentisme ontologique pensé sur le même modèle que celui exposé dans la présente étude, voir V. Caston, « Epiphenomenalisms, Ancient and Modern », *Philosophical Review*, 106, 1997, p. 309-363 ; et V. Caston, « Commentary on Miller », *in* J. J. Cleary et G. M. Gurtler (dir.), *Proceedings of the Boston Area Colloquium in Ancient Philosophy* (Vol. XV, p. 214-230), Leiden, Brill, 2000.
4. *Cf.* J. H. Woodger, *Biological Principles : A Critical Study*, Londres, K. Paul, Trench, Trubner & co, 1929.

instancie la posture particulière qu'est l'émergentisme épistémologique dans le contexte des relations entre vie et matière, sous la forme de l'idée selon laquelle les propriétés biologiques ne sont rien d'autre que des combinaisons de propriétés physiques sous-jacentes mais que, malgré cela, les premières ne peuvent être décrites, comprises ou expliquées sur la seule base des ressources épistémiques de la physique, alors il est possible de donner un aperçu synthétique et compréhensif des positions possibles quant aux rapports complexes entre vie et matière. Celles-ci font écho aux quatre manières non contradictoires de concilier physicalisme et antiréductionnisme que nous avons identifiées lors du chapitre II. Les deux premières d'entre elles, extrêmes, consistent en le physicalisme réductionniste et le dualisme des substances, se déclinant, dans le cas particulier du vivant, en le matérialisme d'un Darwin et le vitalisme dualiste d'un Bergson. Entre ces deux pensées antagonistes se déploient deux voies moyennes conciliatrices, faisant droit de manières différentes à l'esprit du credo : « Ni dichotomie ni identité ». La première, calquée sur le modèle de la pensée organiciste de Woodger, fait droit – parfois explicitement, souvent implicitement – à l'idée d'émergence épistémologique. La seconde, associée au vitalisme matérialiste de Morgan, souscrit quant à elle à une forme d'émergence plus forte, ou ontologique [1].

---

1. Cet aperçu général des conceptions possibles des rapports entre vie et matière met en évidence une imbrication conceptuelle complexe entre les doctrines parfois confondues du vitalisme et de l'émergentisme. Pour plus de détail sur cette imbrication, se référer à O. Sartenaer, « Disentangling the Vitalism-Emergentism Knot », *Journal for General Philosophy of Science*, à paraître.

TABLE DES MATIÈRES

QU'EST-CE QUE L'ÉMERGENCE ?

TEXTES ET COMMENTAIRES

Achevé d'imprimer en mars 2018 sur les presses de l'imprimerie *La Source d'Or*
63039 Clermont-Ferrand - Imprimeur n° 20232N